DARC-4

장애예술인
창작지원금제도 연구

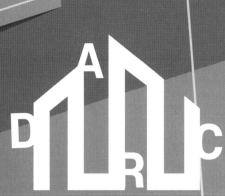

장애예술인 욕구에 기반한 정책 개발하는
장애인예술연구소
Disabled Arts Research Center

장애예술인 욕구에 기반한 정책 개발하는
장애인예술연구소
Disabled Arts Research Center

장애인예술연구소

- 소장   **방귀희** 숭실대학교 사회복지대학원 겸임교수
- 연구위원
  문학/ **차희정** 경희대학교 후마니타스칼리지 외래교수, 문학평론가
  　　박옥순 숭실사이버대학교 방송문예창작학과 외래교수, 아동문학가
  미술/ **박현희** 성산효대학원대학교 예술융합학과 교수, 서양화가
  　　김미경 홍익대학교 미술대학 교수, 서양화가
  음악/ **전소영** 협성대학교 에이블아트·스포츠학과 교수, 서초한우리오케스트라 음악감독
  　　김지현 가톨릭대학교 음악과 겸임교수, 코리안컬쳐리더스 대표
  무용/ **이미경** 한국파릇하우스 대표
  　　홍혜전 서원대학교 체육예술대학 교수, 홍댄스컴퍼니 대표
  연극/ **강보름** 연극 연출, 접근성 매니저
  영화/ **유수현** 숭실사이버대학교 방송문예창작학과 외래교수, 영화감독
- 보조연구원/ **이랑서** 경희대학교 일반대학원 예술경영 전공 박사과정

장애예술인 창작지원금제도 연구

「장애예술인지원법」 제9조에서 규정하고 있는 '장애예술인의
창작활동 지원'을 어떻게 실행할 것인지 그 방법을 찾기 위한 연구를
장애인예술연구소에서 진행하여 그 결과를 발표합니다.

2024년 3월

장애인예술연구소

Disabled Arts Research Center

형식적 평등보다 실질적 평등이 요구된다

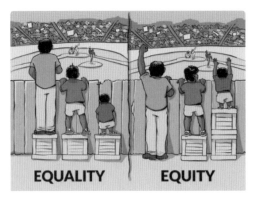

출처: 네이버 블로그

야구 관람 티켓을 구입하지 못했지만 야구 경기를 관람하고 싶은 키가 각기 다른 사람들이 담장 너머로나마 경기를 볼 수 있도록 디딤대를 하나씩 똑같이 나누어 주었다. 그것이 평등이라고 생각했기 때문이다. 그런데 역시 경기를 볼 수 없는 사람이 생겼다.

그래서 이번에는 키에 맞춰서 키가 제일 작은 사람에게는 2개의 디딤대를 주고, 중간 키의 사람에게는 1개를 주고, 키가 큰 사람에게는 주지 않자 디딤대 3개를 갖고도 키가 각기 다른 세 사람 모두 야구 경기를 관람할 수 있게 되었다.

키와 상관 없이 똑같은 디딤대를 나눠 준 것은 평등(equality)이고, 키에 맞추어 서비스하는 것은 공평(equity)이다. 사람들은 평등이라는 말을 너무나 쉽게 하지만 평등에는 반드시 고려해야 할 사항들이 있다. 디딤대 3개를 나눠 준 것은 기회의 평등이고, 키에 맞춰 디딤대를 나눠 준 것은 조건의 평등이다.

우리나라의 장애인복지는 형식적 평등(formal equality)은 마련되었지만 실질적 평등(substantive equality)이 이루어지지 않아서 대다수의 장애인들은 여전히 어려움 속에 있다. 이런 모순적 상황이 가장 극명한 분야가 바로 장애인예술이다. 예술계에서는 예술을 하는데 장애가 전혀 문제가 되지 않는다고 말하지만 장애예술인들은 주류 예술계에 진입을 하지 못하고 있다. 그것은 장애예술인의 조건을 고려하지 않았기 때문이다.

우리나라의 장애인예술은 2009년 문화체육관광부에 장애인문화체육과가 설치되면서 장애인문화예술 업무가 시작되었다. 2012년 (사)한국장애인문화예술단체총연합회가 결성되었고, 2015년 대학로에 마련된 장애인문화예술센터(건물명 이음센터)를 운영하기 위해 (재)한국장애인문화예술원이 설립되었다. 2020년 「장애예술인지원법」이 제정되어, 이에 따라 '제1회 장애예술인 지원기본계획'(2022~2026)이 수립되었다. 또한 2023년 가을, 서울 충정로에 배리어프리 예술 공간인 '모두예술극장'이 개관되었다. 그리고 드디어 2023년 12월, 장애인문화예술계가 그토록 원하던 장애인문화예술과가 문화체육관광부에 설치되었다.

제도적으로도 많은 변화가 있었다. 공공기관에서 창작물 구매 총액의 3% 이상을 장애예술인 창작물로 구매해야 하는 '장애예술인 창작물 우선구매제도'가 시행되고 있고, 올해부터 공공문화시설에서 1년에 1회 이상 장애인예술 행사에 대관을 해 줘야 한다. 또한 기업에서는 장애예술인을 고용하여 장애인의무고용률을 지키는 ESG 경영을 준비하고 있다.

그런데 이런 변화를 장애예술인 당사자들이 느끼고 있지 못하다는 사실이 안타깝다. 그 이유는 장애예술인의 창작활동에 선순환이 이루어지고 있지 않기 때문이다. 예술은 작품이 나오기까지 오랜 시간이 걸린다. 구상을 하였다 해도 집필하고, 그리고 작곡하는 과정 그리고 연습하는 과정이 요구된다. 이런 준비 기간 동안 경제적인 문제를 지원해 주는 「예술인복지법」의 '예술인창작준비금제도' 또는 우리나라를 대표하는 예술인에게 매월 활동비를 지급하는 「대한민국예술원법」의 '예술인연금제도'가 있는데 장애예술인은 그 제도에 진입하기가 어렵거나 불가능하다. 그래서 장애예술인을 위한 별도의 '장애예술인 창작지원금제도'가 반드시 필요하다.

어렵게 만든 제도들이 제대로 작동되기 위해서는 우선 장애예술인이 안정적으로 창작활동을 할 수 있는 환경을 마련해 주어야 한다. 그래야 우리가 추구하고 있는 '모두의 예술'이란 아름다운 공정의 가치를 만들어 낼 수 있을 것이다.

2024년 새봄에

장애인예술연구소 소장 방귀희

목차

Disabled Arts Research Center

표 목차

그림 목차

제1장

서론

Disabled Arts Research Center

제1절 연구의 배경

'2021년 장애예술인문화예술활동실태조사(이하 약칭 장애예술인실태조사)'(문화관광연구원)에 의하면 장애예술인들은 예술활동으로 수입이 발생하지 않아서 창작활동에 어려움이 많다는 사실이 드러났고, 그래서 창작지원금에 대한 욕구가 가장 큰 것으로 나타났다.

−문화예술활동 수입은 월 18만 원이다

장애예술인가구 수입은 2020년 3,215만 원으로 2019년 기준 연평균 장애인가구 수입 4,246만 원의 75.7%에 지나지 않는다. 가구 수입 중에서 문화예술 창작활동 수입은 연 218만 원(월 18만 원)으로 전체 수입의 6.8%에 불과하다. 그리고 예술인의 문화예술 창작활동 수입 연 695만 원에 비하면 31.4%로 3분의 1 수준이다.

−창작지원금 욕구가 70.5%로 압도적이다

'2012년 장애문화예술인실태조사'에서는 장애예술인의 82.18%가 발표의 기회를 갖지 못하고 있다고 하였고, 장애예술인의 활동에 어떤 지원이 필요하냐는 질문에 창작비용 지원이 43.9%로 1순위를 차지하였었는데, 2021년 조사에서도 창작지원금에 대한 욕구가 70.5%로 가장 큰 것으로 나타났다.

우리나라의 장애인예술은 2020년 「장애예술인 문화예술활동 지원에 관한 법률」(약칭 장애예술인지원법)이 제정되면서 본격적으로 시작되었으며, 2022년 5월 10일 출범한 윤석열 정부 '120대 국정과제' 가운데 57번째인 '공정하고 사각지대 없는 예술인 지원체계 확립' 마지막 부분에 장애예술인의 제약 없는 예술활동 기회보장을 약속하고 있다.

그리고 2022년 9월에 발표된 '제1차 장애예술인 문화예술활동 지원 기본계획'(약칭 장애예술인 지원기본계획)은 5개 추진전략, 10대 정책과제로 구성되어 있는데 첫 번째 추진전략이 장애예술인 창작지원 강화, 10대 정책과제 1-1에서 장애예술인 창작지원 다각화를 제안하였듯이 장애예술인 창작지원금제도의 욕구와 필요성은 충분히 설명되었다.

제2절 연구 방법

'장애예술인 창작지원금제도'는 장애예술인 당사자들의 의견이 중요하기 때문에 양적 연구 방법으로 구글설문지 서비스를 통해 다음과 같이 실시하였다.

-조사 기간: 2023년 11월 24일 ~ 2023년 12월 4일
-조사 대상 및 방법: 설문지는 〈2022년 장애예술인수첩〉에 등재된 550명의 장애예술인 중심으로 카톡과 이메일을 통해 발송
-응답 인원: 341명
-설문지 구성: 질문은 '장애예술인 창작지원금제도' 시행 방법을 알아보는 10개 문항과 설문 참여자의 개인 특성 즉 성별, 연령대, 장애 유형, 장애 정도를 알아보는 4개의 문항을 합하여 총 14개 문항으로 구성

'장애예술인 창작지원금제도' 시행 방법에 관한 10개 문항은 아래와 같다.
1. 장애예술인 창작지원금제도 필요성
2. 창작지원금 형태
3. 연(年)창작지원금 규모
4. 창작지원금 지급 기간
5. 창작지원금 선정 방법
6. 창작지원금 경력 구분의 필요성
7. 창작지원금 수혜의 걸림돌
8. 창작지원금 신청 조건의 재산 규모 포함 여부
9. 창작지원금 성과물 제출 기간
10. 창작지원금으로 인한 변화

제2장

선행 연구

Disabled Arts Research Center

제1절 기초 이론

1. 장애인예술의 이해[1]

1) 장애인예술의 필요성

인간은 행복을 추구하는 존재이다. 그래서 인류는 언제나 행복추구권을 확보하기 위하여 투쟁하고 있다. 그런데 인류의 불행은 소수집단에 대한 차별로 생산, 확대되고 있다. 소수집단이 차별의 대상이 되는 것은 미국의 법철학자 누스바움(Martha C. Nussbaum)이 갈파하였듯이 투사적 혐오 때문인데, 투사적 혐오란 아무런 실제적 근거도 없지만 원초적으로 역겹다고 느껴지는 속성을 특정한 사람이나 집단에 전가하는 것이다.

누스바움은 「혐오에서 인류애로」(2016)에서 그 해결 방법을 예술에서 찾았다. 인류애의 정치는 상상력을 동원해 타인의 삶에서 인간성을 찾아내 감성적으로 참여하는 행위이기 때문에 혐오의 정치가 인류애의 정치로 거듭나게 하는 원동력은 바로 상상을 하게 하는 예술이라는 것이다. 즉 혐오로 인한 편견과 싸워 행복을 찾는데 예술이 가장 강력한 도구가 된다고 주장하였다.

소수집단 가운데 가장 차별이 심한 장애인의 행복도 예술을 통해 이루어 낼 수 있다는 논리가 가능하기에 장애인예술의 필요성에 대한 설명이 될 것이다.

그런데 장애인은 사회 전반에 거쳐 활동에 제약을 받고 있다. 제도는 장애인을 배제시키고 있고 물리적인 환경도 장애인 접근성을 보장해 주지 못한다. 더욱 큰 제약은 인식으로 아직도 장애인을 편견적 시각으로 바라보고 있다. 장애인차별은 개인적, 문화적, 사회적 차원에서 발생하며 이러한 여러 차원의 복합적인 상호작용을 통해 장애인에 대한 억압이 실제적으로 현상화되고 있다(오혜경, 2003).

이런 제약 때문에 장애인은 획일적인 삶을 강요받았다. 장애인문제는 빵만 있으면 해결된다는 생각으로 그동안 장애인복지는 장애인 생존권 확보에 주력해 왔다. 하지만 사람이 가질 수 있는 관심 영역은 다양하며, 그 다양한 관심의 영역 가운데 예술이란 분야가 있다. 그런데 장애인의 예술활동에 대한 사회적 지지가 약해 장애인예술은 매우 열악

---

[1] 방귀희(2019), 「장애인예술론」, 솟대

하다(문화체육관광부, 2010).

　장애인복지의 주무 부처인 보건복지부[2]의 장애인복지정책 가운데 장애인예술 사업은 전무하며, 문화예술을 관장하고 있는 문화체육관광부에서 장애인예술 업무를 실시하기 시작한 것도 2009년 장애인문화체육과가 마련되면서부터이다.

　이렇듯 장애인의 예술활동이 열악한 이유는 장애예술인들이 어떤 활동을 하고 있는지 장애예술인은 어떤 사회 환경에서 창작을 하며 어떤 경험을 하는지 알려진 바가 거의 없고, 장애인예술에 대한 이론이 정립되지 않은 상태여서 장애인예술정책 수립이 보류되고 있기 때문이다.

　장애인예술에 대한 사회적 합의가 이루어지지 않은 상태에서 장애인문화예술이라는 광의의 개념을 사용함으로서 장애인의 문화권과 예술권이 혼재되어 있다. 장애인문화는 장애인이 문화를 향유하기 위해 문화시설에 편의시설을 마련하고 문화를 즐기기 위한 서비스를 실시하는 등 장애인복지의 일환으로 실시되고 있다.

　장애인예술은 장애인이 예술의 주체가 되어 창작을 통해 예술인으로서 활동을 해야 하는데 그동안 장애인예술은 전문성을 띤 예술로서가 아니라 장애인의 취미활동 정도로 생각했기 때문에 장애인예술이 예술시장에 진입조차 하지 못하고 있다. 장애예술인들은 자신의 창작활동이 예술로 인정받고 창작활동을 통해 자존감을 높이면서 삶의 질이 향상되길 원한다.

　인간의 중요한 철학은 각 개인이 가능한 것을 최대한 풍부하게 발전시킬 권리를 가지고 있다는 점이다. 이 권리가 보장되어야 사회의 잠재력을 구현할 수 있다. 창의성은 인간이 구현할 수 있는 최고의 단계로 창의성이 존중되고 활성화되는 환경을 형성하는 것은 인간의 존엄한 권리 보장(Katz, 1995)으로 장애인의 예술 능력을 발전시킬 수 있는 권리를 보장해 주는 것은 우리 사회가 반드시 지켜야 할 의무이다.

2) 장애인예술 개요
(1) 장애인예술의 시작

　소수자 운동의 역사를 보면 문화예술과 공존한다. 장애인문화예술 역시 장애인운동과 함께 나타났다. 장애인운동은 1970년대 초 영국과 미국에서 시작되었다. 영국 장애인운

---

2) 보건복지부에 장애인복지 업무를 위해 재활과가 설치된 것은 1981년이다.

동은 빈곤, 주거, 사회 통합, 소득보장 같은 정치적 주장에 초점을 맞추었다. 미국의 경우는 자립생활, 인권, 교통수단 접근성 같은 개인적 사회참여와 관련된 쟁점들이 운동을 주도했다.

이론과 실천의 측면에서 보면, 영국 장애인운동은 구조주의적 접근법에 근거한 신사회운동을 추구하였고, 미국 장애인운동은 인류학적 또는 상호작용론적 접근법에 기초한 시민권운동으로 발전하였다. 이 과정에서 장애인운동에 참여하던 일부 장애인들이 장애인예술운동을 개척하였다. 따라서 당시 장애인예술은 주로 대중 동원을 지원하거나 장애인운동을 미학적으로 표현하는 정도로 장애인운동과 장애인예술운동의 구분이 모호하던 시기였다.

1990년대 초 미국과 영국에서 장애인차별금지법이 제정되면서 장애인의 시민권과 평등권이 법률적으로 보장되었지만 장애인의 사회적, 문화적 위치는 변하지 않는다는 사실을 자각하고 장애인예술이 그 영역을 구축하기 시작하였다.

최근 정치와 권리 중심의 쟁점들이 빠르게 문화예술의 쟁점들로 이동하고 있다. 장애인운동의 관심사가 구조(structure)에서 행위주체(agent)로 바뀌고 있는 것이다. 몸의 사회학, 정체성 정치, 소수성의 가치 같은 새로운 개념들과 접목한 장애인예술은 1990년대 후반부터 본격화되었다.

(2) 장애인예술의 실천모델

장애를 어떻게 정의하느냐에 따라 장애인을 바라보는 관점이 달라지기 때문에 장애에 대한 정의는 매우 중요한데 장애의 개념은 계속 확장되고 있다. WHO(2001)가 제시한 장애에 대한 국제표준인 ICF(Internatoinal Classification of Funtioning, Disability and Health)에 따르면 장애는 신체의 기능과 구조, 활동, 참여와 함께 상황적으로 환경적 요인과 개인적 요인의 영향을 받는다(유동철, 2013). 상황에 따라 장애가 심각하게 느껴질 수도 있고 전혀 문제가 되지 않는 경우도 있어서 장애인복지는 장애인의 실제 경험을 반영하여 상황에 따른 장벽을 제거해 주기 위한 장애인 당사자의 자기결정이 중요하다는 것이 최근 장애인계의 주장이다.

장애 개념의 변화에 따라 장애인에 대한 인식은 물론이고 장애인복지의 관점이 달라지며, 장애인복지는 그 나라의 사회문화적, 경제적 수준을 반영하는 지표가 될 수 있어서 장애에 대한 개념을 발전시키려는 노력을 계속해 오고 있다.

장애를 바라보는 관점은 시대에 따라 변화하며 장애를 인식하는 기본적인 틀로 장애모델이 있는데 개인의 능력을 강조하는 17, 18세기의 자유주의 사상과 사회 적응의 실패를 개인의 능력으로 본 진화론적 사상에서는 장애가 개인의 문제이었기에 이 시기에는 장애인 개인의 신체적 기능을 회복시키는 치료의 의미로 장애를 바라보는 장애모델로 개인적 모델(의료적 모델)이 중심이 되었다. 신체적, 정신적 손상에 대한 재활을 목표로 하는 이 개인적 모델 시기에는 장애인 개인의 의지와 선택을 인정하지 않았다(정일교·김만호, 2007).

이와 같은 문제 때문에 장애인복지를 위한 실천모델이 개인적 모델에서 사회적 모델로 변화하였는데 사회적 모델은 장애인의 문제를 사회적 환경의 문제로 보고, 장애인 문제의 해결은 장애인 자신이 권리의 주체로서 차별 철폐를 위해 자조적으로 권익 옹호 활동을 하며 장애인의 사회 참여를 확대하고 완전한 사회 통합을 이룩하는 것이 목표이다(정무성 외, 2006).

장애에 대한 대표적인 이론인 개인적 모델과 사회적 모델은 이분법적 분류여서 단순하다는 비판을 받아 그 대안으로 장애에 대한 사분모델이 제시되고 있다(Priestley, 1998, 2003; 김경미 외, 2006). 사분모델은 개인적 모델과 사회적 모델을 각각 유물론적, 관념론적으로 나누어 설명하는데 문화는 사회적 모델의 관념론적 해석에 포함이 되는 것으로 문화적 가치와 표상에 초점을 맞추었다.

사회적 모델이 발전하는 과정에서 개인이 할 수 있는 것을 최대한 풍부하게 발전시킬 권리를 가지고 있다는 철학이 생겼고, 개인의 행복과 성장을 위하여 창의성의 중요성을 강조하였는데 창의성이란 인간이 구현할 수 있는 최고의 단계로 창의성이 존중되고 활성화할 수 있는 환경을 형성하는 것이 중요한 일이 되었다(하리마, 2009).

이런 관점에서 논의되고 있는 장애모델이 바로 문화적 모델(Devlieger, 2005)로 문화적 모델의 등장은 장애에 대한 관념 즉 정상성에 대한 관념의 변화와 같이하고 있다. 이렇게 장애를 문화론적 관점에서 바라보는 것은 장애가 일종의 미학적, 정치적, 문화적 관념임을 전제로 하며 복잡한 사회적 관계를 둘러싼 환경의 문제이기 때문이다(Sharon and David, 2005).

데블리거(Devlieger, 2005)는 기존의 지배적인 장애모델보다는 다양한 모델이 있을 수 있다는 것을 인정하여야 한다며 문화적 모델을 제시한 것인데 장애인에게 잠재하는 창조적 요소들을 언급하며 문화적 모델은 장애인을 하나의 존재 양상으로 보고 있다(김도현, 2012).

(3) 장애인예술 인식

장애인예술의 인식에 대하여 리들과 와트슨(Riddell & Watson, 2007)은 예술 체계에서 장애인을 배제한 것이 더 큰 문제가 되는 것으로 장애인예술은 기회의 문제가 아니라 예술 그자체에 대한 평가의 문제라고 하여 장애예술인 문제가 수량적 배분으로 해결될 수 있는 단순한 문제가 아니라는 것을 말해 준다(윤삼호 외, 2013). 장애인의 예술적 재능과 창작 기회를 확대시키는 것이 사회의 창의성 향상과 다양성 증가에 도움이 된다는 관점으로 전환될 필요가 있다.

그래서 영국에서는 장애인예술의 활성화가 사회의 다양성 증진과 창의적 산업 발달에 도움이 된다는 입장을 견지하고 있고(1차 장애평등계획, 2006), 일본에서는 장애인의 생생하고 감성 넘치는 표현 활동을 통해 사회에 새로운 예술관과 가치관을 창조하자고 주장하고 있다(김언지, 2012).

그런데 우리나라에서는 장애인예술을 삶의 부수적인 것으로 인식하는 경향이 사회적으로 일반화되어 있어서 다른 분야에 비하여 비교적 차별 시정에 대한 요구가 적은데(양극화민생대책위원회, 2007), 이것은 장애예술인 스스로 자신의 정체성을 확고히 하지 못하고 표류하고 있다는 것을 말해 준다.

장애예술인은 정책 부재로 경제적으로 어려움을 겪고 있는 데다 장애예술인을 전문예술인으로 보지 않는 사회적 분위기 속에서 장애인예술에 대한 사회적 평가가 낮다는 것도 큰 어려움이다(박영정, 2006).

영국의 대표적인 장애예술인 서더랜드(Sutherland, 2005)가 '장애인예술은 장애인의 소일거리를 위한 취미가 아니다. 그리고 치료도 아니다. 장애인예술은 그냥 예술이다.'라고 하였듯이 장애인예술이 예술이란 인식이 필요하다(주윤정, 2012).

3) 장애인예술의 실태

장애인의 자율성과 주체성에 따라 개인의 흥미와 적성에 맞는 활동으로 예술을 선택할 수 있어야 하지만 우리나라는 장애인예술이 독립적으로 발전하지 못하고 장애인문화와 함께 시작되었다. 참여정부(노무현 대통령) 이후 소외계층에 대한 문화복지에 눈길을 돌리면서 장애인문화예술 관련 정책의 필요성으로 문화바우처 사업, 사회문화예술교육 프로그램 등이 장애인문화 향수권 신장 차원에서 실시되었다(한국문화관광연구원, 2007).

(1) 장애인예술정책

2020년 「장애예술인 문화예술활동 지원에 관한 법률」이 제정되기 전까지 우리나라의 장애인문화예술정책의 법적 근거는 「문화예술진흥법」(제15조), 「장애인차별금지법」(제24조), 그리고 「국제장애인권리협약」(제30조)이 전부였다(김세훈, 2007). 이런 법적 근거를 바탕으로 문화체육관광부에서 장애인문화예술 창작지원, 문화바우처, 문화예술교육, 장애인도서관 사업 등을 펴 왔다.

2013년 장애인예술 업무가 문화체육관광부 체육국에서 예술국으로 이관되어 예술정책과에서 업무를 운영하면서 2015년 문화의 거리 서울 대학로에 장애인예술센터(이음센터)가 개관되었고, 2022년 〈제1차 장애예술인지원 기본계획〉(2022~2026)이 수립되었으며, 2023년 서울 충정로에 장애예술인들이 공연하는데 어려움이 없는 편의시설을 갖춘 모두예술극장이 문을 열었다.

2023년 3월부터 장애예술인 창작물 우선구매제도가 실시되고 있고, 2024년부터 공공문화시설에서 연 1회 이상 장애예술인 공연이나 전시회 대관을 해야 한다.

선진국에서는 이미 사회 통합 차원에서 장애인예술정책이 효과적으로 실시되고 있다. 영국은 장애인차별과 사회적 편견 제거, 장애인의 완전한 참여를 위해서 법령 제정과 함께 다양한 문화활동과 예술교육에 필요한 지원을 하고 있다. 특히 영국예술위원회는 두 차례에 걸친 장애평등계획(2007~2013년)으로 장애인 관련 이슈를 중점으로 예술단체에 장애인의 참여를 극대화시킬 수 있는 프로그램을 지원하고 있다.

프랑스는 문화예술교육정책에서 일반인은 물론 장애인까지 그 대상이 광범위하다. 프랑스는 모든 대상을 만족시키기 위해 다양한 지원과 프로그램을 운영하면서 장애인의 문화예술교육으로 전문예술인을 양성하고 있다.

미국에는 장애인을 위한 대표적인 예술조직 VSA(vest special arts)가 있다. VSA는 미국 국회가 장애인에게 동등한 예술활동의 기회를 부여하기 위해 만든 비영리조직으로 장애인의 예술활동을 위한 접근성 강화와 전문예술인 양성을 위한 교육 프로그램을 제공하고 있으며, 장애인의 사회적 통합을 추구하기 위한 예술의 역할을 강조하고 있다.

가까운 일본은 1970년대부터 'Able Art 운동'이 전개되면서 많은 장애인에게 문화예술활동의 기회를 제공하고 있다. 일본의 장애인문화예술 진흥정책은 대부분 후생노동성에서 담당하고 있으며, 문화청에서는 극히 일부를 담당하고 있다. 후생노동성은 각 지방자치단체에 장애인문화예술사업 추진을 의뢰해 매년 장애인문화예술사업을 진행하고 있는 지방자치단체가 증가하고 있는 추세이다.

이렇듯 선진국에서는 일찍부터 장애인예술정책으로 장애예술인의 예술교육과 창작활동을 통해 사회 통합을 이루어 왔다는 것을 알 수 있다.

(2) 장애인예술활동
① 장애인예술의 정의와 장르

영국예술위원회에서는 장애예술, 예술과 장애의 상관관계를 다음과 같이 정의하고 있다. 장애예술(Disability Arts)은 장애와 구체적으로 연관된 예술 내부에서 생산된 작업 등을 반영하는 장애인에 의해서 생산된 예술 작품이고[3], 예술과 장애(Arts and Disabilty)는 예술 분야에 장애인이 참여하도록 지원해 주는 과정이라고 정의하고 있다.[4]

우리나라는 장애인은 여러 가지 활동을 하고 있는데 예술활동은 그 가운데 하나로 그것을 장애인예술로 지칭하고, 예술활동을 하고 있는 장애인을 장애예술인으로 정의한 논문(방귀희, 2013)이 있지만, 아직은 여러 가지 형태의 용어들이 사용되고 있다.

문화예술의 범주는 통상 「문화예술진흥법」 제2조에 규정된 정의를 사용하는데 이 법률에서 '문화예술이란 문학, 미술(응용미술 포함), 음악, 무용, 연극, 영화, 연예(演藝), 국악, 사진, 건축, 어문(語文), 출판 및 만화를 말한다.'로 되어 있지만, 장애인예술활동은 문학(어문, 출판 포함), 미술(응용미술 및 만화 포함), 음악(국악 포함) 그리고 나머지 장르를 합하여 대중예술로 분류하는 것이 현실적이기에 이 네 가지 장르에 대한 활동을 살펴본다.

장애인문학이란 장애를 소재로 한 문학이냐 아니면 장애인이 주체가 된 문학이냐의 논란이 있지만 1991년 장애인문학을 표방한 『솟대문학』 창간호에서 장애인문학을 후자로 정했다.

우리나라에 장애인문학이란 새로운 장르를 구축하게 한 『솟대문학』은 문화계 블랙리스트 사건으로 2015년 겨울 100호를 끝으로 폐간되었지만 미국 스탠퍼드대학 도서관에서 『솟대문학』의 가치를 인정하여 연구 비치용으로 한 질을 구입하여 한국의 장애인문학이 세계에 알려졌다.

장애인미술을 정의하는 것은 장애인문학보다는 수월하다. 미술 작품의 주제를 장애인

---

3) Disability arts has been defined as: work produced by disabled people, reflecting their cultural, personal, and or political experience of disability, or work produced within a disability-specific arts setting
4) Arts and disability is more generally defined as: the process of supporting disabled people's participation in the arts

으로 하는 예는 거의 없기 때문이다. 따라서 장애인미술을 장애를 가진 미술인들의 작품 활동이라고 정의할 수 있다. 그런데 한 가지 독특한 것은 입에 붓을 물고 그림을 그리면 구필, 발가락에 붓을 끼우고 그림을 그리면 족필이라고 구분을 하여 구족화가라고 한다는 점이다. 우리나라에는 현재 23명의 구족화가들이 세계구족화가에 가입되어 장학금 (scholarship)을 받으며 활동을 하고 있다.

장애인미술의 또 하나의 특징은 농미회를 주축으로 청각장애인 화가들의 활동이 하나의 그룹을 이루고 있다는 것이다. 미술은 1995년에 창립하여 2008년 문화체육관광부의 사단법인 승인을 받은 한국장애인미술협회를 중심으로 활발한 활동을 하고 있다.

장애인음악은 장애인들의 음악활동이다. 청력이 발달한 시각장애인들이 음악 분야에서 두각을 나타내고 있다. 피아노, 바이올린, 클라리넷 등 연주를 하는 시각장애음악인들이 많다. 또한 지적, 자폐성 발달장애인 연주자와 국악인 등이 속속 탄생하고 있다.

장애인대중예술은 연극 부문에서 장애인연극이 활성화되었으며, 다운증후군 강민휘, 뇌병변장애 길별은, 청각장애인 김리후가 영화나 드라마에서 연기를 하고 있다. 청각장애 무용수 고아라, 휠체어댄서 김용우의 활동으로 대표될 수 있는 장애인무용이 좋은 호응을 얻고 있는 것이 큰 특징이다.

이렇듯 장애예술인이 모든 예술 영역에서 활동하고 있는 사례를 통해 장애인이 도전하지 못할 예술 영역은 없다는 것을 알 수 있다.

② 장애예술인 인구와 실태
가. 장애예술인 인구

사람의 2%가 예술적 재능을 가지고 있다(박영정, 2006)는 것에 근거하여 장애예술인 인구를 다음과 같이 추산하였다.

한국고용정보원(2009)이 발표한 산업별직업별고용구조조사에 의하면 예술인 수가 18만여 명이고, 장애인출연율(2011년 장애인실태조사)이 5.47%인 것을 감안하여 장애예술인수를 9천 8백여 명 약 1만 명인 것으로 추정할 수 있다. 그런데 경제활동인구의 2.1%가 콘텐츠산업에 종사하고 있는 측면에서 추산을 하면 등록장애인수 250만 명의 2.1%인 5만여 명이 장애예술인이고 장애인계에서 주장하는 장애인 인구 500만 명의 2.1%로 계산하면 10만 명이 장애예술인이라고 할 수 있지만 가장 설득력이 있는 장애예술인수는 1만 명 수준이다(방귀희, 2013).

예술적 재능을 가진 장애인수 5만여 명보다는 예술활동을 하고 있는 장애인수 1만여 명을 장애예술인 인구로 보는 것이 더 합리적이다. 위 내용은 2013년에 발표된 논문이지만 2022년 등록장애인은 265만 3천 명이고, 장애인 출연율은 5.2%로 큰 변화가 없어서 장애예술인 인구 추산에도 변화가 없다.

나. 장애예술인 실태조사

2007년 한국장애인개발원에서 실시한 '장애인문화예술활동실태조사'에 의하면 장애예술인은 90.1%가 발표할 기회가 부족하다고 답변하였다. 장애예술인은 창작활동의 기회 부족으로 96.5%가 경제적 보상을 받지 못하고 있고, 69.3%가 수입이 전혀 없다고 응답하여 장애예술인들이 경제적으로 큰 어려움에 처해 있음이 드러났다.

'2012년 장애문화예술인실태조사'(문화체육관광부)에 의하면 장애예술인의 82.18%가 발표의 기회를 갖지 못하고 있다고 하여 5년 전과 큰 차이가 없음을 알 수 있고, 같은 조사에서 장애예술인의 활동에 어떤 지원이 필요하냐는 질문에 창작 비용 지원이 43.9%로 1순위를 차지하여 창작지원금에 대한 욕구가 가장 큰 것으로 나타났다.

그런데 '2018년 장애인문화예술활동실태조사'에서는 예술활동의 어려움으로 ①교육적 어려움, ②창작 및 발표의 어려움, ③공간 이용의 어려움을 들었다. 그러나 3년 이상 예술활동을 한 장애예술인을 대상으로 실시한 FGI에서는 모든 예술 분야에서 예술활동에 있어 경제적 지원이 필요하다고 하였으며, 예술활동에 필요한 사항은 창작기금/수혜자 확대가 66.3%로 압도적 우위를 차지하였다.

'2021년 장애예술인예술활동실태조사'에서 장애예술인은 창작지원 확대가 70.5%로 가장 높은 욕구를 보였다. 이렇듯 기존 세 차례(2012, 2018, 2021년) 장애예술인실태조사에서 1순위는 창작비용 지원이라는 것이 분명하다.

4) 장애예술인의 삶

세계적으로 권위 있는 학술지 『Disability and Society』(vol. 30)에 게재된 '한국 장애예술인의 창작활동 경험과 환경적 장벽'(방귀희·김경미, 2015)에서 장애예술인으로서의 삶의 경험을 탐구하여 장애예술인의 창작활동의 본질을 규명하고 장애예술인의 창작활동을 어렵게 만드는 환경적 장벽을 탐색하여 제시하였는데 본 고에서는 장애인예술의 저해요인이 되고 있는 환경적 장벽에 대한 내용을 요약하여 소개하고자 한다.

(1) 개인적 저해 환경

장애예술인이 예술활동을 하는데 있어 개인적인 차원에서의 어려움은 경제적인 어려움, 손상으로 인한 제한적인 활동, 그리고 예술인으로서의 자신감의 부족이다. 경제적인 어려움의 경우는 예술을 직업으로 가지고 경제적인 활동을 하고 있지 못하기 때문이다. 물감을 산다거나 공연을 위해 의상을 준비하는 등 창작활동에 비용도 많이 들지만 원고 청탁이나 공연 요청도 적고, 작품 판매도 부진하여 경제적인 문제가 해결되지 않아서 생활이 불안정하다.

그리고 개인적인 차원에서의 어려움은 장애예술인이 가지고 있는 손상 그 자체이다. 예를 들어 지체장애 작가는 접근성이 떨어져 취재를 하지 못한 채 글을 쓰기 때문에 현실감이 떨어진다고 하였고, 청각장애 화가는 의사소통이 원활하지 않아서 작품 설명을 제대로 하지 못하여 인정을 받지 못하고 있다고 하였다.

시각장애 가수가 무대 위에서 자연스러운 동작을 연출하지 못하는 것도 아쉬운 부분이며, 시각장애 연주자인 경우 급하게 들어오는 협연 요청에 응할 수 없는 어려움을 털어놓았다. 악보를 보면서 연주를 하지 못하여 악보를 모두 외워야 하는데 악보 전체를 완전히 외우는데 시간이 걸리기 때문이다. 이렇게 장애가 예술활동에 어려움을 주는 경우가 있다.

또한 장애예술인들은 자신이 제대로 전문 교육을 받지 못했다는 것으로 열등의식을 갖기도 하고, 장애 때문에 대중 앞에 선다는 것에 대한 두려움이 있다고 하였으며 대중예술활동을 하다가 중도에 장애를 갖게 된 경우는 대인기피증이 생겨서 활동을 끊은 적도 있고, 무대에 다시 서면 사람들이 어떻게 생각할지 몰라서 망설이게 된다고 하였다.

(2) 사회적 저해 환경

장애예술인이 예술활동을 하는데 있어 사회적인 차원에서의 어려움은 사람들의 부정적인 시각이다. 이는 개인적인 노력으로 해결할 수 없다. 장애인예술을 전문예술이 아닌 취미 정도의 아마추어 활동으로 생각하는 시각 때문에 장애예술인은 예술계에 편입되지 못하고 배제당하고 있다.

노골적으로 장애 때문에 못할 것이라고 단정짓기도 하고, 오디션을 보러 온 장애예술인에게 문전 박대를 한 사례도 있다. 코미디를 하는 장애예술인은 그의 개그 연기를 보고 사람들이 웃는 것을 주저하여 자기 연기가 죽어 버리게 된다고 하소연하였다.

장애예술인들은 창작활동을 하며 사회적 벽을 절감한다. 특히 대중예술 부문에서 장애예술인은 상업적 가치가 없다는 판단으로 기획사에서 받아 주지를 않고, 중앙 무대에 서는 것이 불가능하며, 장애예술인을 위해 무대 편의시설을 만들어 주는 등의 배려가 없어서 사회적 장벽에 부딪히곤 한다. 장애예술인은 실력이 있어도 장애 때문에 주류 예술계에 들어가지 못하고 있는 것이 가장 심각한 사회적 장벽이라고 하였다.

(3) 제도적 저해 환경

장애예술인들이 아무리 열심히 창작활동을 해도 그것을 발표할 기회가 없다면 예술로의 가치를 부여받지 못하기에 기회 부족이 예술인으로서 겪는 가장 큰 어려움이라고 하며 개런티를 많이 받는 것보다는 공연 횟수가 적은 것이 더 문제라고 했다. 특히나 출판계는 더욱 열악해서 장애문인의 작품은 출간의 기회를 거의 갖지 못하고 있다. 장애예술인과 비장애예술인이 함께 전시회를 한다거나 공연을 하는 경우가 거의 없어서 통합의 기회를 만들지 못하고 있다.

우리나라 장애인복지제도에는 장애예술인을 대상으로 하는 별도의 서비스가 준비되어 있지 않아서 장애예술인은 상대적 박탈감을 느끼고 있다. 장애예술인이 창작활동을 할 수 있도록 경제적으로나 인력 면에서 지원해 주는 제도가 필요하다고 했다. 경제적인 지원은 창작활동을 할 수 있도록 창작지원금제도가 필요하다는 것이며 인력적인 지원이란 창작활동을 위한 예술활동지원서비스[5]를 뜻한다.

5) 발전 방안

지금까지의 연구를 바탕으로 장애예술인이 창작활동을 가로막고 있는 것은 경제적인 문제와 인식의 문제라고 할 수 있는데, 먼저 경제적인 문제는 장애예술인이 예술활동으로 소득이 보장될 수 있는 방안을 마련하여야 한다. 또한 인식의 문제를 해결하기 위해 장애인예술을 감동 코드가 아니라 예술 자체로 보고 평가하는 인식의 전환이 요구된다.

---

5) 독일에는 예술보조인(Kunstassistent)이 있는데 이것은 장애예술인이 전문적인 예술활동을 할 수 있도록 보조해 주는 전문지원인을 의미한다.

전문예술인으로서 능력을 갖춘 장애예술인들의 창작활동 지원을 위해 세 가지 핵심 제도가 마련되어야 한다.

• 장애예술인의 창작지원금제도

'2021년 장애예술인실태조사'에서 장애예술인가구 수입 중에서 문화예술 창작활동 수입은 연 218만 원으로 월 18만 원에 불과하다. 동 조사에서 창작지원금에 대한 욕구가 70.5%로 가장 큰 것으로 나타났듯이 「장애예술인지원법」 제9조_(장애예술인의 창작활동 지원)에 따라 장애예술인 창작활동을 연금 형식으로 지원하는 제도가 요구된다.

• 장애예술인 공공쿼터제도

「장애예술인지원법」 제9조2(장애예술인 창작물 우선구매제도)에 '구매 총액을 기준으로 해당 연도에 구매하는 창작물의 100분의 3 이상을 장애예술인이 생산한 창작물로 구매해야 한다.'고 규정되어 있다.

또한 「문화예술진흥법」 제15조의2(장애인 문화예술활동의 지원)에 '국가 및 지방자치단체가 설치한 문화시설 중 대통령령으로 정하는 문화시설은 장애인의 문화예술활동 기회를 보장하기 위해 「장애예술인지원법」에 따른 장애예술인의 공연, 전시 등을 정기적으로 실시해야 한다.'는 내용이 신설되었다.

이것은 '장애예술인공공쿼터제도'로 발전시킬 수 있다. 「장애예술인지원법」 제10조(장애예술인의 참여 확대)에 '국가와 지방자치단체는 방송, 영화, 출판, 전시, 공연 등 문화예술활동에 장애예술인의 참여를 확대시키기 위하여 노력하여야 한다.'고 규정되어 있기 때문이다.

• 장애예술인 고용지원제도

'2021년 장애예술인실태조사'에 의하면 장애예술인의 고용형태는 정규직 6.1%로 고용상태가 매우 불안정하다. 이에 「장애예술인지원법」 제11조_(장애예술인 고용지원)에 따라 장애예술인 고용이 장애인의무고용률에 반드시 포함되어야 한다.

이런 제도를 뒷받침하기 위해 우선되어야 할 과제는 다음 세 가지이다.

첫째, 장애예술인 예술활동 지원기금(약칭 장애예술인지원기금)**이 마련되어야 한다.**

「장애예술인지원법」 개정으로 기금 관련 조항을 추가하여 법적 근거를 마련하고, 정부 예산 외에 민간 부분에서도 장애예술인지원기금을 조성하여야 한다.

둘째, 제1차 장애예술인지원 기본계획이 성실히 시행되어야 한다.

「장애예술인지원법」 제6조에 따라 68개의 정책과제가 설정되었다. 이들 과제는 2022년부터 2026년까지 시행되어야 하는데, 이미 2년이 지났고 올해 3년차이기에 지금부터 속도를 내지 않으면 제1차 기본계획 평가는 미시행률이 시행률보다 높아서 낮은 평가로 기록될 것이고, 이는 장애예술인들의 불만으로 이어질 것이다.

셋째, (재)한국장애인문화예술원이 공공기관으로 승격되어야 한다.

장애인체육은 (재)대한장애인체육회가 공공기관인데 장애인예술은 2015년 11월에 설립된 (재)한국장애인문화예술원이 아직 공공기관이 되지 못한 상태이다. 공공기관이 되려면 우선 「장애예술인지원법」 제14조(전담기관의 지정 등) '①문화체육관광부 장관은 장애예술인 문화예술활동 지원사업을 효율적으로 수행하기 위하여 장애예술인 문화예술활동 지원업무를 전담하는 기관(이하 "전담기관"이라 한다)을 지정할 수 있다.'를 개정하여 제14조2(한국장애인문화예술원의 설립)를 신설하여야 한다.

참고로 「국민체육진흥법」 제34조(대한장애인체육회)에 '①장애인 체육진흥에 관한 다음 각 호의 사업과 활동을 하게 하기 위하여 문화체육관광부 장관의 인가를 받아 대한장애인체육회(이하 "장애인체육회"라 한다)를 설립한다.'는 규정에 따라 대한장애인체육회가 설립되었다.

장애인체육은 문화체육관광부 체육국에 장애인체육과가 있지만 장애인예술은 예술국 예술정책과에서 사무관 1명과 주무관 1명이 장애인예술 업무를 관장하고 있어서 원활한 업무 처리를 하기 어려웠는데, 2023년 12월 29일 문화체육관광부에서 장애인문화예술과 신설이 발표되어 장애인예술계의 숙원 한 가지가 해결되었다.

2. 예술지원의 원칙

제2차 세계대전 이전까지는 예술지원에 있어서 원칙과 기준이 있었던 것이 아니었다. 국왕, 귀족, 돈 많은 가문이나 개인을 중심으로 '예술을 후원하는 사람'이라는 뜻의 패트론(patron)이 있었는데, 지원이 패트론의 의지, 의도 혹은 취향에 따라 주로 결정되었다.

두 차례에 걸친 전쟁으로 폐허가 된 나라들이 많아서 그 복구를 위해 나타난 철학이 복지국가였다. 예술지원정책 역시 복지국가 이념 구현을 위한 사회적 의제의 하나로 등장하게 된다. 국가가 개입하여 예술지원을 한다는 것은 예술이라는 재화를 사회적 준공공재의 하나로 인식했다는 것을 의미하며 또한 이것은 복지국가 이전에는 예술의 접근이 주로 경제적 중상류층 이상에 국한되었던 것을 복지국가 이후에는 국가의 예술지원정책을 통해 예술재화의 소비 가격을 낮춤으로서 경제적 약자 계층의 예술에 대한 접근성을 열어 줌으로써 예술의 민주적 균형 분배에 초점을 맞추었다는 것을 의미한다.

1) 국가형 예술지원

국가에 의한 예술지원은 크게 정책지원(정책목표 및 정책안 수립), 정책을 구체화할 법률 및 제도 지원 그리고 예술지원금(subsidy, 보조금)에 의한 지원 등이 있다. 정책지원은 재정적 뒷받침으로 시행되며, 법제도는 재정적 지원의 근거가 된다. 결국 재정적 지원이 예술 진흥을 이끌어 가는 것이다. 지원금의 성격, 지원금 규모, 지원금 분배의 주체 그리고 분배 방식 등은 예술적 토양을 조성하는데 중요한 요소이다.

국가에 의한 예술지원이 이루어지는 이유를 티트머스(R. Titmuss)는 다음과 같이 설명하였다.

• **황금시대 모델**(The Glory Model): 통치자들은 자신의 통치 시기가 문명화로 기억되기를 바라면서 예술을 지원한다. 그 대표 사례가 프랑스 미테랑 대통령 정부에서 바스티유 오페라 하우스를 건립한 것이다.

• **위안 모델**(The Palacebo Model): 고난의 시기에 국민에게 즐거움을 주려고 예술을 지원한다. 미국 대공황 시기에 대중들을 위한 예술(Art for the Millions) 프로그램을 운영하였다.

• **보상 모델**(The Reward Model): 국민에 대한 봉사의 대가로 지원한다. 영국은 제2차 세계대전 중 위문 공연을 한 연예서비스협회(Entertainment National Services Association)를 후원하였는데 이것이 최초의 국가지원 모델로 후에 영국예술위원회가 만들어졌다.

• **공공서비스 모델**(The Service Model): 국가가 예술자원을 공공재로 인식하고 공공서비스 차원에서 예술을 지원하는 것으로 서구 국가 대부분이 이 모델을 실시하고 있다.

문화정책의 가장 기본적이고 중요한 원칙은 창작자의 자유가 보장될 수 있는 제도적 장치를 마련하는 것이다. 정부의 지원과 개입은 예술인의 창의력과 자유를 침해하여서는 안 된다. 이러한 이유에서 '지원은 하되 간섭하지 않는다.'는 문장은 이른바 '팔 길이 원칙'(arm's length principle)'이라고 부르기도 한다.

* '팔 길이 원칙'은 1945년 이후 시행된 영국 공공지원제도의 원칙 가운데 하나로 그 기본은 무조건적으로 정부의 간섭을 폐지하는 자유방임주의가 아니라 정부 지원금이 사용되는 목적에 대한 투명성과 효율성을 확보하기 위해 도입된 원칙이다.

문화를 시장에 맡기면 문화가 한쪽 방향으로만 발전하고, 치우치게 될 가능성이 있다. 대중문화의 경우 대중들의 관심이 시장에서 커다란 비중을 차지하면서 상업화가 잘 이루어져 있지만, 순수예술이나 전통예술의 경우는 그렇지 않기 때문에 정부의 지원이나 개입 없이는 시장에서 자생하는 것이 어렵다. 따라서 순수예술이나 전통예술을 지키고 발전시키기 위해서는 정부의 개입이 필요하다.

특히 창작자인 예술인의 경우 경제적으로 수입이 일정하지 않으며 비정규직 프리랜서로 활동한다. 예술활동을 지속하기 위해서는 정기적이고 안정적인 고정급여가 필요하며 일자리 확보가 중요하다. 최근 우리나라의 콘텐츠가 전 세계적인 인기를 끌고 각광받고 있지만, 이러한 세계적인 영화, 드라마, 노래가 하루아침에 만들어지는 것은 아니다. 따라서 정부에서 예술인들이 창작활동을 할 수 있는 생활 여건을 마련해 주어야 한다.

2) 민간형 예술지원

예술인들에게 지원을 아끼지 않았던 로마의 정치가 가이우스 메세나스(Gaius Maecenas, 70~8 BC)의 이름에서 유래된 메세나는 기업의 예술 후원을 가리킨다. 1960년대 중반 미국에서 기업의 예술후원회가 발족하면서 이 용어를 처음 사용한 이후 전 세계로 퍼져 나갔다. 이제는 기업의 예술·문화·과학·스포츠에 대한 지원뿐 아니라 각종 공익사업에 대한 지원활동을 두루 나타내는 말이 됐으며, 기업의 홍보·마케팅 수단으로 활용되기도 한다.

서구에서 민간으로부터의 지원이 활발히 이루어지고 있는 이유는 왕조시대와 근현대 시민사회를 거치면서 예술에 대한 관심과 애정을 가졌던 국왕, 귀족, 재력가, 신흥 부르주아(bourgeois) 등에 의한 자발적인 지원 전통을 유지해 온 때문이다.

그런데 서구에서 공통으로 사용하는 하나의 원칙은 자본주의 시장경제에서 낮은 경쟁력으로 지원이 없으면 사라져 버리기 쉬운 순수예술로 한정하고 있다는 것이다.

우리나라는 1994년에 발족된 한국메세나협의회가 2013년 명칭을 한국메세나협회(Korea Mecenat Association)로 변경했는데, 협회 홈페이지에 의하면 현재(2024년 1월) 249개 기업이 가입되어 있다.

기업과 예술의 만남(Arts&Business)을 통해 기업은 예술로 창의성을 얻고, 예술은 기업을 만나 안정적인 활동 기반을 마련한다. 한국메세나협회와 한국문화예술위원회가 기업과 예술단체의 전략적 파트너십을 활성화하고자 공동 운영하는 프로그램이다. 기업과 예술단체 간의 상생을 도모하고, 단발성 지원보다는 장기적인 결연을 통해 다양한 협력 활동이 이루어지도록 지원하고 있다.

• 기업 · 예술단체 결연

기업이 문화예술단체의 창작활동 및 운영을 지원하도록 협력하는 프로그램이다.

한국메세나협회가 보유한 예술단체 데이터베이스를 통해 기업에게 적합한 파트너를 추천하고, 기업과 예술단체가 장기적으로 파트너십을 이어 갈 수 있도록 컨설팅하고 있다. 이 사업을 통해 예술단체들은 기업의 사회공헌과 마케팅 · 경영전략 차원에서 협력자로 자리매김하고 있다.

• 예술지원 매칭펀드

기업이 예술단체에 지원하는 금액에 비례하여 문예진흥기금을 추가로 지원하는 사업이다. 한국메세나협회와 한국문화예술위원회가 기업의 예술지원을 장려하기 위해 공동으로 추진하고 있으며, 1:1 매칭그랜트(Matching Grant) 방식으로 운영된다.

• ESG 실천을 위한 메세나

최근 기업은 ESG경영을 실시하고 있는데 ESG에 메세나가 필요한 10가지 이유를 한국메세나협회에서는 다음과 같이 소개하였다.

① 예술을 통한 공동체 인식 고취: 예술 그 자체로 환경문제를 해결할 수는 없지만, 예술 본연의 인지적 가치와 예술행동은 우리 공동체의 인식을 고취시키고 나아가 기업의 친환경 실현 노력을 뒷받침한다.

② ESG 실현 노력에 대한 공감 확대: 예술을 통한 커뮤니케이션은 창의성과 심미성을 활용한 활동으로, 기업의 사회적 공존 추구에 대한 대중의 공감도를 높여 준다.

③ 이해관계자 소통과 나눔: 기업의 문화예술 사회공헌 활동은 지역주민을 비롯한 이해관계자와의 문화적 소통을 가능케 하며, 문화나눔을 통해 소득·세대·지역에 구애받지 않고 공동체의 일체감을 조성하여 차별이 없는 사회 구현에 기여할 수 있다.

④ 노동과 삶의 균형 보장: 문화예술은 기업 현장에서 근로자들의 정신적 복지를 증진시키고 여가 친화적 문화가 스며들게 함으로써 근로자의 삶의 질 향상에 큰 영향을 준다. 미국의 메세나 기구인 AFA(American For the Arts)는 예술이 노동력을 양성하는 데 도움을 준다고 밝힌 바 있다.

⑤ 근로자 인권 증진 및 만족도 영향: 문화예술은 직원 만족도를 높이므로 기업의 사회적 성과를 측정하는 데 있어 기업신뢰도, 존중, 자부심, 동료애 등에 관한 항목에서 긍정적인 답을 이끌어 낼 수 있다.

⑥ 지역사회 참여 및 개발: 구리 제련소의 폐기물로 인해 황폐화되었던 일본의 나오시마섬은 베네세그룹의 예술 프로젝트를 통해 미술관을 갖춘 문화 명소로 탈바꿈했듯이 메세나활동은 공동체의 문화적 재생과 지역 개발에 기여한다.

⑦ 기업 가치 향상과 주주 이익 증대: 문화예술로 가꾸는 기업문화는 개개인의 윤리적 성숙을 통해 평판 위험, 인적 위험 등의 비재무 위험에도 대응하는 힘을 발휘한다.

⑧ 공급망 협력 기회 창출: 기업들은 지속가능성 이슈를 내포한 예술 콘텐츠를 지원하는 방향으로 메세나 정책을 운영하면서 이를 바탕으로 쌓은 차별화된 신뢰는 ESG 시대에 새로운 공급망 협력 기회를 만들어 낼 수 있다.

⑨ 시민 에너지 독려: 기업의 ESG활동에 예술의 메시지 생산력과 아이디어가 결합되면 환경·사회 등급이 높은 제품이나 서비스를 선호하는 시민 에너지를 독려할 수 있다. 예술은 기업이 지향하는 가치의 파이를 키워 미래의 수익 잠재력을 높이는 데 기여한다.

⑩ 새로운 세대를 위한 사회책임 이행: 문화예술에 관심이 많은 MZ세대에게 메세나활

동은 기업의 사회책임 경영가치를 확인시켜 줄 수 있는 좋은 도구이다. 또한 아동·청소년 예술교육 지원활동은 미래 자산인 4C 즉 창조(Creative), 소통(Communication), 비평적 사고(Critical Thinking), 협업(Collaboration)을 배양할 기회를 제공하는 사회적 투자(social investment) 수단이다.

민간 영역으로부터의 재원 확보는 세제 혜택 등의 정책으로 효과를 볼 수도 있겠지만 근본적으로는 후원 주체의 자발적인 지원 의지 즉 문화예술을 사랑하고 이해하고 그래서 지원의 의미를 실천하려는 의지와 밀접한 연관을 가지고 있다.

3) 해외 사례

미국은 예술에 대한 지원이 공적인 의무라기보다는 민간 부분의 책임으로 인식되어 개인의 후원이나 기부의 영역으로 운영되었다. 그러다 1957년 자동차 회사 포드에서 만든 포드재단(Ford Foundation)이 예술기금을 마련한 것은 미국의 예술지원사업 역사에서 하나의 이정표가 되었다. 예술이 민간 분야의 후원만으로는 자생할 수 없다는 인식에서 출발하였는데 이런 인식이 1965년 복지국가적 요소가 강한 미국연방예술기금(NEA)을 탄생시키는 계기가 되었다.

프랑스의 국가주도형 예술지원정책은 첫째, 예술인 개인과 기관에 직접적인 지원을 하는 후원자(patron), 둘째, 예술작품의 생산과 배급에 엄격한 통제를 가하는 검열자(censor) 역할을 하였다. 1959년 드골 대통령이 문화부를 설치하여 문화정책의 산실을 마련하였고, 문화예술정책은 프랑스의 국가적 영광과 장엄함을 강조할 목적으로 운영되어 문화예술이라는 용어의 사용은 프랑스를 상징하는 표현과 동의어처럼 사용되었다.

우리나라는 1972년 「문화예술진흥법」 제정으로 예술지원이 복지국가적 관점에서 논의되기 시작하였고, 2005년 한국문화예술위원회가 출범하면서 정부주도형 예술지원에서 복지국가형 민간주도 지원체계를 갖추었지만 우리나라는 복지국가적 담론인 문화민주주의[6]에 입각한 서구의 지원 전통과는 다르다.

---

6) 문화민주화(democratizing culture)는 고급 문화인 순수예술을 보다 많은 국민들에게 보급하는 것이 목적으로 하고, 문화민주주의(cultural democracy)는 모든 사람의 창조적 소양을 개발하고 참여시키는 데 목적이 있다.

3. 예술인 사회보장제도

예술인이 창작 작품을 생산하기 위해서는 장르마다 세부적으로 차이는 있으나 일반적으로 무엇을 창작할 것인지 계속 생각하며 준비해서 구체적인 계획을 수립한 후 필요한 스태프를 섭외하면서 장소를 대관한다. 그 후 작품을 직접 제작하여 완성하면 그것을 세상에 알리기 위한 실행을 하고 나서 전체 작업을 정리하는 결산 등의 과정을 거치게 된다.

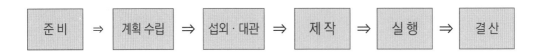

[그림1] 예술작품 생산 단계

공통적인 것은 모든 예술작품의 생산은 가장 초기 단계에는 창작을 위해 자신의 아이디어를 개발하는 준비 기간을 반드시 거친다는 사실이다. 이 과정 중에 작품의 주제 및 방향 등 가장 중요한 내용이 결정되는 경우가 많다. 그런데 이 시기는 수입이 발생하지 않는다.

그래서 「예술인복지법」 제정 후 2013년부터 창작준비금제도가 실시되고 있는데 이 제도는 다음과 같은 성과를 거두고 있다.

-재능있는 예술인들이 예술활동을 포기하지 않고 예술창작에 있어 가장 중요한 준비 기간에 충실한 활동을 할 수 있도록 한다.
-동기 부여를 통한 창작활동을 지속적으로 독려한다.
-준비 기간 투자 강화를 통해 창작활동이 질적으로 강화된다.
-새로운 예술적 시도의 고취와 창작활동의 가능성이 확대된다.

예술인복지정책은 성과물보다는 기반을 지원하는데 의미를 둔 정책이다. 예술인이 활동하는 환경을 지원함으로써 문화예술의 활성화를 이루기 때문이다. 박영정(2012)은 '예술인복지정책은 재정 투입이 어떤 성과물로 도출되느냐에 집중하기보다는 예술활동의 기반 지원에 의미를 둔 정책으로 예술인 한 사람, 한 사람에게 관심을 기울이는데 중요성을 부여하고 있다.'고 하였듯이 예술인이 창작 준비를 하도록 지원하는 '예술인창작지원금제도'는 큰 호응을 얻고 있다.

그런데 2013년에 시작된 예술인 창작지원금(창작디딤돌)은 300만 원이고, 2021년 시작된 신진예술인 창작지원금(창작씨앗)은 200만 원으로 규모가 적은 편인데 한 번 선정이 되면 다음 해에는 신청을 할 수 없기 때문에 빨라야 격년으로 이용할 수 있고, 신청 조건이 기준 중위소득 120% 이하(배우자 소득 포함)이다. 이것은 사회복지 분야에서 사용하는 기준으로 예술 분야에서는 이런 소득 기준이 불합리하다는 의견이 많다.

예술인 사회보장제도를 실현하기 위해서는 보험제도를 통한 지원이 현실적으로 적절한 것으로 보이며, 보험 중에서도 일단은 연금을 먼저 시작하는 것이 바람직하다. 예술인 대상 보험제도는 예술인을 위한 독립된 보험제도를 만드는 것이고, 독자적인 보험료/분담금 부과 체계와 급여 체계를 통해 저비용/고급여가 가능하다(한국문화관광정책연구원. 2003).

독일의 「예술인사회보장법」은 1981년에 제정되어 사회보험의 사각지대였던 예술인 및 자유기고가들을 대상으로 1983년부터 예술인사회보험을 시행하였다. 보험료는 본인이 50%, 나머지 50%는 정부 및 문화예술 관련 기업이 담당한다.

프랑스는 예술인을 독립적으로 조직화하여 사회보험을 관리한다. 저작료를 받는 문학, 미술, 음악 관련 예술인과 임금을 받는 문학, 미술, 음악 관련 예술인이 대상인데 보험료 부담이 매우 적다.

제2절 장애예술인의 현실

1. 장애예술인 실태[7]

1) 조사 근거 및 개요

• 조사 근거

문화체육관광부는 「장애예술인지원법」 제8조를 근거로 '2021년 장애예술인 문화예술활동실태조사'를 처음으로 실시하였다. 조사를 맡은 기관은 한국문화관광연구원으로 최근 3년간(2018. 01. 01.~2020. 12. 31.)을 기준으로 이루어졌다.

• 개요

-조사 기간: 2021년 9월~12월(약 3개월)

-조사 방법: 방문 면접조사 및 온라인 조사

-조사 대상: 7,095명

〈표1〉 장애예술인실태조사 대상 및 규모

구분	조사 대상	조사 모집단	표본 추출
정량조사	장애예술인	*7,095명	902명
	복지시설	3,238개	400개
	협회 · 단체	223개	100개
	문화시설	2,793개	250개
정성조사	장애예술인	–	20명 정량조사 응답자 중 유형별 배분 선정

* 17개 광역시 · 도, 14개 예술 분야에서 활동하는 장애예술인 중 조작적 정의를 통해 수집한 7,095명

-조사 내용: 장애예술인의 창작 · 전시 · 공연 등 문화예술활동 현황 및 여건, 장애예술인의 소득 및 고용현황, 장애예술인 관련 시설 · 단체 운영실태 등

---

7) 방귀희(2022), '2021년 장애예술인실태조사 결과 함의 분석', 『한국장애학』, vol7.no1

2) 내용 분석

(1) 사업 명칭 변화

문화체육관광부에서 장애예술인을 대상으로 실태조사를 한 것은 2012년이 처음이었다. 대학로에 있는 이음센터를 건립하기 위한 기초 수요조사를 위해 실시한 것으로 당시 사업 명칭은 '장애인문화예술실태조사'였다.

두 번째 조사는 이음센터 운영 기관으로 (재)한국장애인문화예술원이 설립된 후 「장애예술인지원법」에 대한 기초 자료로 2018년도에 실시되었는데 사업 명칭은 '장애인문화예술활동실태조사'였다.

세 번째 조사는 2021년에 발표된 조사로 「장애예술인 문화예술활동 지원에 관한 법률」에 따라 실시되었기에 '2021년 장애예술인문화예술활동실태조사'인데, 「장애예술인 문화예술활동 지원에 관한 법률」 약칭이 「장애예술인지원법」이기에 '장애예술인실태조사'라고 해도 무방하다.

「예술인복지법」에 의해 3년마다 한 번씩 실시되는 실태조사의 사업명은 '예술인실태조사'이기에 '장애예술인실태조사'라고 하는 것이 사업 목적을 더 선명하게 드러낸다.

(2) 사업규모 변화

'2012년 장애인문화예술실태조사'는 장애예술인 591명, 문화향유장애인 409명으로 총 1,000명을 대상으로 실시하였고, '2018년 장애인문화예술활동실태조사'에서는 조사표본이 장애예술인 416명, 장애인 예술활동가 584명으로 역시 총 1,000명을 대상으로 하였다.

'2021년 장애예술인실태조사'는 17개 광역시 · 도, 14개 예술 분야에서 활동하는 장애예술인 중 조작적 정의를 통해 수집한 7,095명이라고 하였지만 장애예술인은 902명으로 지난번 조사보다 장애예술인 표본이 확장되었지만 표본 구성을 보면 예술활동증명 예술인 400명, 장애인복지시설 이용 장애예술인 400명, 장애인 관련 협회 · 단체 소속 예술인 102명으로 구성되어 있다.

조사원 진술에 '예술활동증명을 받은 경우 본인이 장애인이라는 인식을 크게 하고 있지 않았다.'고 할 정도로 예술활동에 어려움이 없는 장애예술인이고, 장애인복지시설을 이용하는 장애예술인은 전업 예술인이라기보다 교육 프로그램을 이용하는 경우여서 현업에서 활동하지 않는 경우가 많기에 장애예술인의 실질적인 조사는 102명으로 이루어졌다고 해도 지나치지 않다.

(3) 조사의 문제점

첫째, 모집단이 장애예술인과 거리가 멀다

2018년 조사는 장애예술인에 대한 모집단이 없기 때문에 기관을 조사한 후 조사대상을 추정하여 표본을 추출하는 방식으로 실시하였다고 전제하였는데, 모집단 표본수가 장애인복지관(19.7%), 장애인주간보호시설(25.1%), 장애인거주시설(20.9%), 장애인공동생활가정(19.7%)으로 전체 표본수의 85.4%를 차지하고, 장애인문화예술단체는 전체 표본수 944개 가운데 106개로 11.2%에 불과하여 모집단 자체가 장애예술인실태조사로서의 요건을 갖추지 못하였다.

2021년 조사 규모 7,095명에서 장애예술인은 902명으로 전체의 12.7%에 불과하고 나머지 87.3%는 복지시설과 문화시설을 모집단으로 하였기에 분석 결과에 공감되지 않는 수치가 나타났다.

둘째, 장애 유형 분포의 불균형이 심각하다

- 장애 특성
-장애예술인의 장애 유형을 살펴보면, 지적장애(34.3%), 지체장애(26.0%), 시각장애(15.0%), 자폐성장애(13.0%), 뇌병변장애(4.9%), 청각/언어장애(4.1%) 등의 순으로 나타남.

〈표2〉 장애 유형(단위: 명, %)

구분	전체	지체	뇌병변	시각	청각/언어	지적	자폐성	기타
전체	7,095	1,846	349	1,062	293	2,433	920	192
비율	100.0	26.0	4.9	15.0	4.1	34.3	13.0	2.7

〈표3〉 장애 정도(단위: %)

구분	심한 장애	심하지 않은 장애
합계	83.7	16.3

〈표4〉 장애 발생시기(단위: %)

구분	선천적	후천적
합계	54.2	45.8

2018년 조사는 지적장애와 자폐성장애를 합하여 49.0%였는데, 2021년 조사에서도 지적장애와 자폐성장애를 합하면 47.3%로 장애예술인의 절반을 차지한다.[8]

---

8) 이용시설인 장애인복지관과 장애인주간보호시설의 이용자 그리고 생활시설인 장애인거주 시설과 장애인공동생활가정

'2022년 등록장애인' 분석 결과는 지체장애가 44.3%로 가장 많았고, 청각/언어장애가 16.0%, 시각장애 9.5%, 뇌병변장애 9.3% 그리고 지적장애는 8.5%로 가장 적은 비율을 보이고 있는데 반해, '2021년 장애예술인실태조사'에서는 지적장애와 자폐성장애가 47.3%로 등록장애인과 비교하면 5배가 넘는다는 것은 매우 심각한 불균형이다.

한국장애예술인협회에서 2018년에 제작한 〈장애예술인수첩〉에 수록된 343명의 장애예술인을 대상으로 조사한 결과 지체장애가 55%로 가장 많았고, 지적장애와 자폐성장애를 합하여 11%로 나타나 장애인실태조사 결과와 유사한 분포를 보였다.

또한 〈2022장애예술인수첩〉에 수록된 550명의 장애예술인을 대상으로 조사한 결과에서 장애예술인의 장애 유형별 분포는 지체장애가 가장 많은 41%를 차지하였고, 지적장애와 자폐성장애를 합하면 22%로 결코 적지 않은 수이지만 2018년과 2021년 장애예술인실태조사에서 지적장애와 자폐성장애가 50%에 육박하는 양태와는 확실히 다르다.

셋째, 활동 분야 분포가 실상과 다르다

> • 현재 주로 활동하고 있는 예술 분야
> -장애예술인의 주 활동 문화예술 분야는 서양음악(27.2%)과 미술(26.8%)이 50% 이상을 차지하는 것으로 나타남.
> -장애 유형별로는 지체장애인, 청각·언어장애인은 미술, 시각장애인은 서양음악과 국악, 지적장애인과 자폐성장애인은 서양음악과 미술 분야에 주로 활동하고 있으며, 뇌병변장애인은 문학과 연극에서 주로 활동하는 것으로 나타남.

서양음악(27.2%)과 미술(26.8%), 대중음악(11.4%), 국악(8.5%) 순으로 나타난 것도 장애예술인의 실상과는 다르다. 〈장애예술인수첩〉(2018, 한국장애예술인협회)에 의하면 미술이 33%로 가장 많고, 다음이 문학(27%), 음악(26%), 대중예술(14%) 순으로 나타났는데, 이는 2018년 예술인실태조사(문화체육관광부)에서 미술(25.4%), 연극(10.7%), 문학(8.1%) 순으로 장애예술인과 비장애예술인의 활동 분야가 거의 일치하는 양상과는 대조적이다.

4년 후 발간한 〈2022장애예술인수첩〉에서는 미술이 30%로 가장 많았고 음악(27%), 대중예술(22%), 문학(21%)이 그 뒤를 이었다. 그리고 2021년 예술인실태조사에서는 미술(24.0%), 대중음악(15.4%), 음악(9.3%) 순으로 나타났다.

의 생활인 90% 이상이 중증의 지적장애인이다(보건복지부, 2018).

넷째, 예술활동 참여 횟수가 적다

• 지난 3년간 주 활동 분야의 문화예술 작품 발표 또는 참여 횟수
-지난 3년간 장애예술인의 문화예술 작품 발표 또는 참여 횟수는 평균 12.0회
-예술 분야별로는 무용 평균 14.2회, 대중음악 13.9회, 서양음악 13.7회 등의 순임(기타 제외)

예술인실태조사에서는 문화예술 발표 횟수를 1년을 기준으로 하는데[9], 장애예술인실태조사에서는 3년을 기준으로 하여 평균 참여 횟수가 12.0회로 나타나 마치 장애예술인이 활동을 많이 하는 것으로 인식할 수가 있다. 이 수치는 연 4회로 표기하는 것이 옳다.

다섯째, 전업이 높은 것은 직업이 없기 때문이다

• 지난 3년간 문화예술 분야 전업 종사 여부
-장애예술인의 62.2%가 전업으로 문화예술 분야에 종사하며, 공예 분야가 87.2%로 가장 높게 나타남.
-문학(34.9%)과 대중음악(35.9%), 사진(36.2%) 분야의 전업 비율이 상대적으로 낮게 나타남.

'2021예술인실태조사'에서 전업 종사 여부에 대해 55.1%가 전업이라고 한 반면 '2021장애예술인실태조사'에서는 전업이 62.2%로 장애예술인의 전업율이 더 높은 것은 장애예술인의 취업이 어렵기에 예술활동이 전업인 경우라고 해석할 수 있다.

장애예술인의 주 활동 문화예술 분야는 서양음악(27.2%)과 미술(26.8%)이 50% 이상을 차지했지만, 전업의 종사 분야로 공예 87.2%, 방송 82.5%로 나타나서 가장 많이 하는 활동 분야인 음악, 미술과 장르가 다른 것은 전업에 대한 이해가 서로 달랐기 때문이다.

일반적으로 예술에 있어서의 전업은 다른 직업 없이 예술에만 몰두하는 형태를 가리키지만 설문에 참여한 장애예술인은 예술활동으로 수입이 발생하느냐를 기준으로 삼았다. 그래서 작업이 수입이 되는 공예와 바로 출연료가 지급되는 방송이 장애예술인 전업 종사 분야로 나타났다고 보여진다.

여섯째, 고용상태가 매우 불안정하다

• 지난 3년간 문화예술활동 직업 고용 형태
-문화예술활동 직업 고용 형태로 '고용원이 없는 자영업자'(1인 사업체)(34.5%), '파트 타임 · 시간제 · 일용직'(29.3%), '기간제 · 계약직 · 임시직 · 촉탁직'(26.5%) 등의 순으로 나타남.

---

9) '2021년 예술인실태조사'에서 예술인은 지난 1년간 문화예술 작품 발표 또는 참여 횟수가 평균 38회로 서양음악 평균 64회, 국악 평균 58회 등으로 나타났다.

장애예술인의 고용형태는 1인자영업, 임시직, 시간제가 90.3%로 매우 불안전 고용상태이다. 정규직 6.1%, 고용원이 있는 자영업 3.5%로 안정적인 고용상태는 9.6%에 지나지 않는다.

'2021년 예술인실태조사'에서 예술인의 지난 1년간 직업 고용 형태로 고용원이 있는 자영업자(5.7%)와 정규직(7.5%)의 비율이 장애예술인 대비 높게 나타났다.

일곱째, 문화예술활동 수입은 월 18만 원이다

- 2020년 가구 및 개인 소득
- 2020년 장애예술인 가구소득은 연 평균 3,215.1만 원, 개인 소득 809.3만 원이며, 그중 문화예술 창작활동을 통한 수입은 218.1만 원임.

'2020년 가계금융복지조사(통계청)'에 의하면 장애인가구 소득을 전국가구와 비교하면 2019년 기준 연평균 4,246만 원으로 전국가구 평균소득 5,924만 원의 71.7% 수준이다.

소득분위로는 하위분위(1~2분위)에 장애인가구의 59.8%가 분포하는 등 저소득가구 비중이 높으며, 소득원천별로는 근로·사업·재산소득 76.8%, 공적이전소득 19.6%, 사적이전소득 3.5%으로 공적이전소득 비중이 높다.

참고로 전국가구는 근로·사업·재산소득 90.4%, 공적이전소득 7.7%, 사적이전소득 1.8%로 공적이전소득 비중이 장애인가구에 비해 훨씬 낮았다.

장애예술인가구 수입은 2020년 3,215만 원으로 2019년 기준 연평균 장애인가구 수입 4,246만 원의 75.7%에 지나지 않는다. 장애인가구는 공적이전소득이 19.6%로 전국가구 공적이전소득 7.7%의 2.5배나 된다.

가구 수입 중에서 문화예술 창작활동 수입은 연 218만 원으로 전체 수입의 6.8%에 불과하다. 그리고 예술인의 문화예술 창작활동 수입 695만 원(2021년 예술인실태조사)에 비하면 31.4%로 3분의 1 수준이다.

'2021년 장애인실태조사'에서 장애인 중 국민기초생활보장 생계급여 수급자 비율은 19.0%로 전체 인구의 국민기초생활보장 수급율 3.6%(2019년 12월 기준)에 비해 약 5.3배 높아 장애인가구의 경제적 자립도가 매우 낮을 뿐 아니라 2017년의 15.0%에 비해 4.0% 증가하여 장애인가구의 삶이 향상되고 있지 않다는 것을 알 수 있다.

여덟째, 창작지원금 욕구가 70.5%로 압도적이다

- 문화예술 분야에서 활동하는 사람들에게 필요한 지원(1순위)
- 장애예술인은 '창작지원(기금) 및 수혜자 확대'(70.5%) 지원이 가장 필요하다고 응답함. 그다음으로 '문화예술활동을 위한 공간 지원'(8.0%), '홍보/마케팅 등 프로모션 지원'(6.0%) 등의 순임.
- 문학 분야에서 '창작지원(기금) 및 수혜자 확대' 지원에 대한 응답이 91.3%로 가장 높게 나타남.

'2012년 장애인문화예술실태조사'에 의하면 장애예술인의 82.18%가 발표의 기회를 갖지 못하고 있다고 하였고, 장애예술인의 활동에 어떤 지원이 필요하냐는 질문에 창작비용 지원이 43.9%로 1순위를 차지하여 창작지원금에 대한 욕구가 가장 큰 것으로 나타났다.

그런데 '2018년 장애인문화예술활동실태조사'에서는 예술활동의 어려움으로 ①교육적 어려움, ②창작 및 발표의 어려움, ③공간 이용의 어려움을 들었다.

예술활동에 필요한 사항에도 ①공간, ②창작/발표 기회 확대, ③지원이 있는데 세부적으로 살펴보면 ①공간에서 ㉠연습공간 53.2%, ㉡창작공간 19.8%, ㉢발표공간 15.3%로 공간의 성격에 따라 구분을 해 놓고, ②창작/발표 기회 확대에서 ㉠연습공간 확보 84.4점, ㉡전용공간 마련 81.4점으로 또다시 공간에 대한 필요성이 조사되어 장애예술인에게 필요한 것은 온통 공간뿐인 듯한 오류의 여지가 있다.

'2021년 장애예술인실태조사'에서 장애예술인은 창작지원 확대가 70.5%로 가장 높은 욕구를 보였다는 것에 주목해야 한다.

아홉째, 공공문화시설이 장애예술인에게 불친절하다

- 공공문화시설 이용 경험 및 어려움
- 장애예술인 66.3%가 문화예술활동을 위해 공공문화시설을 이용 경험 있음.
- 장애예술인이 문화예술활동을 위해 공공 문화시설 이용 시 복잡한 대관 절차(69.1점), 비싼 대관 비용(64.3점) 등으로 인한 어려움이 있음.

장애예술인들은 발표의 기회를 스스로 만들어야 해서 전시회나 발표회를 갖기 위한 장소로 공공문화시설을 많이 이용하게 되지만 대관 절차가 복잡하고, 대관 경쟁률도 높고, 대관료도 비싸서 이용하는 데 많은 어려움이 있다.

2. 기초생활보장제도

1) 개요

우리나라의 대표적인 공공부조제도인 「국민기초생활보장법」은 2000년 10월 1일부터 시행되어, 빈곤에 놓인 사람들에게 최저생활의 보장을 위해 최저생활보장 수준에 미달하는 부분만큼 소득을 보충해 주는 성격을 지닌다. 국민기초생활보장제도가 여타의 자구적 소득활동 혹은 사회보장제도를 통한 급여를 적용한 후에도 최저생활 수준에 미치지 못하는 부분만큼을 보장해 주는 최후의 안전망 성격을 갖고 있다.

국민기초생활보장제도는 생활이 어려운 사람에게 필요한 급여를 지원하여 최저생활을 보장하고 자활을 돕고자 실시하는 제도이며, 기초생활보장 급여는 수급자가 자신의 생활의 유지·향상을 위해 자신의 소득, 재산, 근로능력 등을 활용하여 최대한으로 노력하는 것을 전제로 이를 보충·발전시키는 것을 기본 원칙으로 한다. 따라서 기초생활수급자의 생계급여는 수급자의 소득인정액 등을 감안하여 차등지급할 수 있다.

'2023년 국민기초생활보장사업 안내'에 의하면 수급자 선정기준은 부양의무자가 없거나 부양의무자가 있어도 부양능력이 없거나 부양을 받을 수 없는 사람으로서 소득인정액이 급여 종류별로 선정기준 이하이어야 한다. 부양의무자의 범위는 수급권자의 1촌 직계혈족 및 그 배우자이며, 사망한 1촌의 직계혈족의 배우자는 제외된다. 따라서 아들·딸 사망 시 며느리·사위는 부양의무자 범위에서 제외된다.

2021년 10월 1일부터 생계급여 부양의무자 기준이 폐지되어 부양의무자 기준은 의료급여 수급자의 경우에만 원칙적으로 적용되지만, 부양의무자의 연 소득 1억 원(월 소득 834만 원) 또는 일반재산 9억 원을 초과하면 생계급여의 경우에도 부양의무자 기준이 적용된다. 소득인정액 기준 산정 시 소득평가액은 실제소득에서 가구특성에 따른 지출 요인, 근로를 유인하기 위한 지출 요인 및 그 밖의 추가적인 지출 요인 등을 공제한다. 참고로 2024년 생계급여 선정기준은 〈표5〉와 같다.

〈표5〉 2024년 생계급여 선정기준(기준 중위소득 30%)

구 분	1인 가구	2인 가구	3인 가구	4인 가구
생계급여 선정기준	713,102	1,178,435	1,508,690	1,833,572
기준 중위소득	2,228,445	3,682,609	4,714,657	5,729,913

※ 생계급여액 = 생계급여 선정기준-소득인정액
　소득인정액 = 소득평가액+재산의 소득환산액
　소득환산액 = (재산-기본재산액-부채)×소득환산율

기준 중위소득이란 중앙생활보장위원회의 심의를 거쳐 보건복지부 장관이 공표하는 국민 가구소득의 중간값을 말한다. 기준 중위소득은 70여 개의 정부사업의 선정기준으로 활용된다. 생계급여는 중위소득 30%이다.

소득인정액은 현금성 소득과 재산을 합한 것으로 현금 소득이 없어도 다른 재산 즉 주택을 소유하고 있으면 소득이 높은 것으로 인정한다.

2) 장애인 생계급여 수급 실태

'2020년 장애인실태조사'에 의하면 생계급여를 수급받는 장애인가구는 장애인 전체가구의 19.1%로 2017년 15.0%에 비해 4%나 증가하였다. 이는 의료급여나 주거급여의 경우에도 마찬가지 경향을 보여 주고 있다(2020년 장애인가구의 의료급여 25.0%, 주거급여 14.7%). 국민기초생활보장제도 전체 수급가구 중에서 장애인가구가 차지하는 비중은 2020년 15.7%로 전체 인구에서 장애인이 차지하는 비율의 3배 이상이며[10], 생계급여수급 장애인가구 수는 꾸준히 늘어나는 추세를 보여 주고 있다. 즉 2010년에 수급가구 173,322가구에서 2020년의 수급가구는 229,395가구로 32.4%가 증가하였다.

소득인정액 기준 산정 시 소득평가액은 실제소득에서 가구특성에 따른 지출 요인, 근로를 유인하기 위한 지출 요인 및 그 밖의 추가적인 지출 요인 등을 공제하는데 가구특성에 따른 지출 요인 중 장애요인에 해당하는 것은 장애수당, 장애아동수당 및 보호수당과 장애인연금 등이 있으며, 근로요인에서는 장애인직업재활사업 및 정신질환자 직업재활사업 참여소득에서 20만 원을 공제하고 나머지 금액에 대해 50% 추가 공제를 하고 있다.

성인장애인의 소득보전을 위한 소득보장제도로서 「장애인연금법」이 2010년 7월부터 시행되고 있는데 장애인연금은 18세 이상 64세 이하의 등록장애인 중 본인과 배우자의 소득인정액이 선정기준 이하인 자를 대상으로 한다. 먼저 장애인연금 대상자 조건으로 만 18세 이상 64세 미만의 등록한 중증장애인이어야 하며, 소득하위 70% 수준 이하로서 매년 보건복지부 장관이 고지하는 소득인정액 이하이어야 하고, 직역연금[11] 수급권자 또

---

10) 2022년 등록장애인은 265만 3천 명으로 인구 대비 장애인 비율은 5.2%
11) '직역연금'은 특수 직업군의 연금으로서 공무원, 사립학교 교직원, 군인, 별정우체국 직원 연금 등을 말한다.

는 배우자가 아니어야 한다.

　장애인연금은 소득보전급여인 기초급여와 추가비용급여라고 할 수 있는 부가급여로 구성되어 있으나 그 급여액은 취지에 못 미치고 있다. 2022년 기준 기초급여액은 월 최대 307,500원이고, 부가급여액은 기초수급자는 8만 원, 차상위계층은 7만 원으로 차등을 두고 있다. 현행 장애인연금제는 먼저 시행한 기초연금제도[12]와의 형평성을 이유로 급여액 수준을 비슷하게 하였다. 그러나 장애인연금이 취업이 어렵거나 일을 하더라도 소득이 낮은 장애인들의 소득상실에 대한 보전이 목적이라면 그 연금급여의 수준은 근로자의 최저임금을 기준으로 하여 적정한 수준을 정하는 것이 바람직하다.

　최저임금 기준은 「사회보장기본법」 제10조에서도 규정하고 있는 사회보장급여의 수준을 결정할 때 고려사항이 되는 것이다. 따라서 현실적으로 현행 기초연금보다 상대적으로 높아야 한다. 외국의 사례에서도 최저임금을 기준으로 한 나라(네덜란드)가 있으며, 실제적으로 일본은 '무기여식 기초장애연금' 수준이 우리나라 금액으로 80~100만 원 정도에 이르고 있다.

〈표6〉 2022년도 장애인연금 선정기준액

구분	단독가구(배우자가 없는 경우)	부부가구(배우자가 있는 경우)
선정기준액	122만 원	195.2만 원

3) 문제점

　고용노동부의 '2022년 장애인통계'에 의하면, 월평균 장애인가구 소득 평균값은 199.0만 원이며, 가구 지출 평균값은 178.5만 원으로 나타났다. 또 전체 장애인가구의 48.5%가 월 150만 원 미만의 소득을 벌고 있는 것으로 나타났으며, 월 평균 지출액이 100만 원 미만인 장애인가구가 28.8%나 된다. 한편 장애인가구의 월평균 최소생활비[13]는 196.3만 원으로 조사되었는데, 이는 2017년의 187.9만 원에 비해 8.4만 원(4.5%)이 늘어난 금액이다. 100~149만 원 범주가 21.3%로 가장 많았으며, 150~199만 원이 17.3%, 200~249만 원이 16.5%, 50~99만 원이 13.5%로 나타났다.[14]

　이는 장애인가구의 월평균 소득(199.0만 원)이 월평균 최소생활비(196.3만 원)와 2.7만 원밖에

---

12) 65세 이상의 전체 노인 중 소득과 재산이 적은 70%의 노인에게 매달 일정액의 연금을 지급하는 제도
13) 여기서 최소생활비란 가족이 한 달간 생활하는데 필요한 최소생활비를 말한다.
14) 한국장애인고용공단(2022), "2022 장애인통계"

차이가 나지 않는 것으로 장애인가구는 소득 ≒ 최소생활비로 살아가는 생활수준이며, 이는 2022년 최저임금 월 환산액인 201만 원(2024년도 최저임금 206만 원)에도 미치지 못하는 빈곤 수준이다.

그래서 장애인들이 사회보장제도인 기초생활수급비에 의존할 수밖에 없는데 이 기초생활수급제도가 갖고 있는 문제점을 우주형(2023)은 다음과 같이 주장하였다.

첫째, 기준 중위소득의 문제이다. 현재 중앙생활보장위원회에서 정하는 기준 중위소득이 현실의 삶이 반영되지 않은 채 낮게 책정됨으로써 이에 따라 수급자의 삶의 질이 하락할 수밖에 없다. 2022년 기준 중위소득이 2019년 가계금융복지조사의 중간값에 미치지 못하여 빈곤층에게 안전망이 되지 못하는 복지정책이다. 따라서 현실적인 기준 중위소득으로 책정되어야 한다.

둘째, 기초생활보장제도가 맞춤형 개별급여로 개편됨에 따라 기준 중위소득을 도입했음에도 선정기준과 보장수준은 바뀌지 않았다. 상대적 빈곤선을 도입한 취지에 맞게 기준 중위소득의 30%, 40%로 낮게 정해진 선정기준과 보장수준을 상향해야 할 것이다. 국제적으로 빈곤선을 중위소득의 40%~60%로 사용하고 있으며, 한국 역시 50%를 빈곤선으로 사용하고 있다. 그런데 기초생활보장제도 수급자는 전체 국민소득 중앙값의 30%로 되어 있다. 「기초생활보장법」 제8조 2항에 '생계급여 선정기준은 기준 중위소득의 100분의 30 이상으로 한다.'고 규정되어 있는 것이다. 의료급여 선정기준 역시 동법 제12조의3의 2항을 통해 '의료급여 선정기준은 기준 중위소득의 100분의 40 이상으로 한다.'고 되어 있다.

셋째, 재산과 소득기준의 변화가 필요하다. 기초생활보장제도는 기본재산액과 실제소득과 재산을 소득으로 환산하는 소득인정액이라는 까다로운 선정기준을 고수하고 있다. 금융재산을 월 6.26%로 소득환산하는 것은 연 75.12%로 금융소득을 보는 것으로, 사실상 약간의 저축이 있으면 급여에 진입하지 못한다. 현재의 기본재산액과 재산의 소득환산율 모두 현실과는 괴리가 크다. 이자율, 물가상승률, 부동산 및 전세가 상승률 등을 고려하여 모든 급여에 적용되는 기본재산액을 현실에 맞게 인상하고 재산의 소득환산율을 개편해야 한다.

넷째, 가구별 특성과 상황을 반영하는 제도의 운영이 필요하다. 현재 기초생활보장제도는 생계·주거·교육급여 수급자의 근로·사업소득에서 30%를 공제하며, 수급자의 개별 특성에 따라 의료급여를 포함한 소득공제율을 달리하고 있다. 현재의 급여수준과 일부를 제외한 근로소득에 대한 급여삭감은 자립을 돕지 못한다. 근로소득에 대한 보편적 공제율 도입 및 확대를 통해 소득 일부를 보전하여 탈빈곤을 위한 발판으로 삼을 수 있도록 해야 한다.

4) 해외 사례

미국에서는 「장애인 사회보장법」(Social Security Disability Insurance, SSDI)과 「장애인 생계보장법」(Supplemental Security Income, SSI)이 있는데 SSDI는 근무 경력이 있는 장애인이 근무 불가능한 경우에 대한 보장을 제공하며, SSI는 경제적 어려움이 심각한 장애인에게 보장/서비스를 제공한다.

영국은 「장애인 생계수당 보장법」(Disability Living Allowance, DLA)과 「장애인자립지원법」(Personal Independence Payment, PIP)이 있는데. DLA는 장애인이 일상생활을 수행하기 위해 필요한 추가 경비를 제공하며, PIP는 장애인이 일상생활과 사회생활에서 자유로운 삶을 영위할 수 있는 환경을 조성하기 위한 보장을 제공하고 있다.

한편 독일에서는 장애인을 위한 국가적인 보장제도로 「장애인 재활고용지원법」(Rehabilitation and Employment of Disabled Persons Act)과 「장애인 사회보장법」(Social Security Code for People with Disabilities)이 있다. 「장애인 재활고용지원법」은 장애인이 고용할 수 있는 기회를 마련해 주는 것이며, 「장애인 사회보장법」에서는 장애인의 일상생활을 보장하고 향상시키는 것이 목적인데, 이 두 법을 바탕으로 장애인의 교육, 고용, 생활, 건강, 복지, 사회 관계 등 다양한 분야에서 지원을 제공하고 있다.

미국, 영국, 독일뿐만 아니라 OECD(Organization for Economic Co-operation and Development) 국가는 장애인의 빈곤 개선을 위한 다양한 정책을 이행함에 있어서 다음과 같은 방향성을 바탕으로 추진되고 있다.
① **교육 기회 확장**: 장애인이 교육을 받을 수 있는 기회를 확장하고, 교육 시설에서의 적극적인 관심 강조
② **고용 기회 확대**: 장애인이 참여할 수 있는 고용 기회를 확대하고, 기업에서의 관심 강조

③ **적극적인 건강 관리**: 장애인이 건강 관리를 받을 수 있는 환경을 개선하고, 건강 관련 정책 제시

④ **사회적 참여 확대**: 장애인이 사회적 생활에 참여할 수 있는 환경을 개선하고, 참여 지원정책 제시

우리나라도 국민기초수급권자인 장애인의 실질적 삶의 질 향상을 위해서는 현행 「국민기초생활보장법」에 따른 수급권자의 수입에 대한 조건들을 완화시키고, 장애인이 기초수급자로 사회보장제도에만 머물지 말고 경제활동에 편입되어 보다 양질의 삶과 인간다운 생활을 할 수 있도록 새로운 방식의 지원정책이 요구된다.

3. 장애예술인의 가외소득 인정

1) 문제 제기

청각장애가 있는 서양화가인 방두영 화백의 페이스북 2023년 7월 31일에 올라온 사연이다.

> 경기도에서 예술인기회소득으로 예술활동증명을 완료한 예술인들에게 150만 원을 준다고 여기저기 요란하게 광고도 하고, 예총에서도 신청하라고 하여 시청 문화예술과에 갔더니 주민센터에 신청하라고 해서 7월 18일 송내주민센터에 가서 일찍이 신청을 했다. 150만 원을 두 번에 나눠 7, 8월에 75만 원. 10, 12월에 75만 원을 준다고 하여 기다리고 있는데 7월 28일 오후 5시경 시청에서 전화가 왔다. 기초생활수급자라서 수급비가 깎인다고 알려 주었다.
>
> 그럼 안 준다는 것이나 같은 것 아니냐고 안 받겠다고 했더니 주민센터에 가 보라는 것이었다. 그래서 오늘 주민센타에 가니 담당자가 예술인기회소득 포기신청서를 쓰라고 했다. 기초수급은 최악의 상황은 국가가 면하게 해 주니 그 외의 것은 열심히 벌어서 쓰라는 게 맞지 수급자니까 돈을 벌지 못하게 막는 것은 문제가 아주 크다고 본다. 날씨도 더운데 기분까지 더러운 하루였다.

이 글에 댓글이 수없이 달렸다. 댓글의 요지는 '계속 수급자로만 살라는 거냐', '최악의

상황에 그대로 두는 것이 복지이냐', '적어도 스스로 살아갈 수 있는 예술인에게는 기회소득을 주면서 스스로 살아갈 수 없어서 국가의 도움을 받는 장애예술인은 기회소득마저 포기하는 것이 장애예술인을 위하는 일이냐' 등 비판이 이어졌다.

이것은 방두영 화백만 겪은 일이 아니다. 기초생활수급자인 장애예술인들 모두 이런 가외소득 문제를 호소하고 있다.

어쩌다 받은 원고료이고, 1년에 한 번 있을까 말까 한 그림 판매이며, 1년 출연료를 다 합해도 200만 원[15]이 안 되는데, 그것으로 생계급여가 축소되어 창작활동을 망설인다면 정부가 장애예술인의 성장을 막는 결과가 된다.

획일적인 사회보장제도로 장애인의 생활을 일률적으로 지원해 주면서 억압할 것이 아니라, 사회보장 서비스를 기반으로 원하는 일을 통해 가외소득을 얻을 수 있는 기회를 열어 주면 장애예술인은 창작을 통해 소득을 창출하고, 그것을 소비하면서 활발한 경제 활동을 하는 생산적인 국민이 될 것이다. 나아가 그러한 창작물들은 공공재로서 우리 사회를 더 풍요롭게 하는 데도 일조할 것이다.

그런데 수급자가 아니어도 집이 있거나 배우자가 직업이 있는 경우 예술인지원사업에서 탈락하는 것도 장애예술인에게는 불공정하다. 장애 때문에 현금성 소득이 없고, 본인이 직업을 갖지 못해 배우자가 경제활동을 하기 때문이다.

낙상사고로 경수(목뼈 속 신경)가 손상되어 사지마비가 된 후 그림을 그리는 서양화가 탁용준 작가의 문자 메시지(2023. 11. 25.)에 이런 내용이 있었다.

장애예술인 지원에 부동산과 배우자 수입이 있어서 지원에서 제외되는 것은 역차별입니다. 코로나 시국에 서울시에서 주는 예술인지원금을 집이 있다고 소득산정에서 탈락되어, 생활은 어려운데 아무것도 받지 못했어요.

예술인을 대상으로 지원을 할 때 장애예술인은 장애라는 조건을 갖고 창작활동을 하기 때문에 소득산정에 예외를 두어야 한다. 다른 부분에서는 차별을 하면서 지원금을 줄 때

---

15) '2021년 장애예술인실태조사'에서 장애예술인 가구수입 중에서 문화예술 창작활동 수입은 연 218만 원

만 조건이 평등한 것은 공정이라고 할 수 없다.

그래서 기초생활수급제도에서 장애예술인의 가외소득을 인정해 주고 예술인지원사업에서 신청 조건인 기준 중위소득 120% 이하(배우자 소득 포함)라는 조건을 장애예술인에게는 적용시키지 않는 맞춤형 조건의 평등이 필요하다.

2) 개선 방안

장애인에 대한 사회보장과 소득 사이의 갈등은 이미 세계 여러 나라에서 일어나고 있으며 또한 해결되고 있다. 그 문제를 해결하여 미국을 장애인 천국으로 만든 사람은 미국 역사학자인 폴 롱모어(Paul Longmore)이다.

폴 롱모어는 1988년대 「조지 워싱턴의 재발견(The invention of George Washington)」이란 책을 출간했는데 그 책이 베스트셀러가 되어 많은 저작권료를 받게 되었다. 그러자 그동안 받던 장애인복지서비스가 중단되었다. 롱모어는 중증장애인이어서 다양한 지원이 필요한 상태였기에 서비스 중단은 삶 자체를 중지시켜 버렸다. 이에 그는 10년 동안 심혈을 기울여서 집필한 책을 연방정부 앞에 쌓아 놓고 불태우며 외쳤다.

> 정부는 장애인의 열심히 일하고 싶은 근로 의지를 꺾어 무능하게 만든다. 자기 인생의 주체자로서 하고 싶은 일을 하며 생산적으로 살도록 하는 것이 진정한 장애인 복지이다!

롱모어의 노력으로 소득에 상관없이 장애인복지서비스가 지원되도록 「사회보장연금법」이 개정되었다. 그 결과 미국의 장애인들은 장애인복지서비스를 기반으로, 일하면서 얻은 소득으로 세금을 내는 생산적인 시민으로 살아갈 수 있게 되었다.

우리나라도 바로 이런 생산적 시민이 될 수 있는 장애인복지서비스를 실시하여야 한다.

우주형(2023)은 '인구 집단별로 사회수당제도나 사회보험제도를 강화시키거나 근로복지(workfare) 정책을 병행하는 방식으로 발전해야 한다.'고 하며 다음과 같이 주장하였다.

> 국민기초생활보장제도의 발전방향은 수급조건을 대폭 완화하여 관대한 제도로 운영하면서 고용복지 및 사회보험과 사회수당제도로 기초생계를 보장하고, 국민기초생활보장제도는 난민이나 무국적자, 이주민과 같은 외국인과 주민등록 말소자나 노숙인을 위한 최후의 안전

망으로 거듭나는 것이 바람직하다. 그러한 점에서 장애인복지도 적극적인 노동—복지 연계정책으로 전환되어야 할 때가 되었다.

김선규(2023)는 '현재 「국민기초생활보장법」에 따른 수급권자의 수입에 대한 조건들을 완화시킬 필요가 있다. 다시 말해, 1인 장애인가구를 기준으로 할 때 월 소득이 기준선 이상이 되는 소득이 발생할 경우 수급권자의 자격을 제한하고 있는데 이는 장애인수급권자가 기초적인 생명 유지를 위한 생활만 할 뿐 그 이상의 발전된 삶을 기대할 수 없는 장벽으로 작용하고 있는 것이 현실이다.'고 하면서 다음과 같이 제안하였다.

수급권자의 기초 소득에 대한 상한선을 지금의 조건 외에 추가 수입이 발생할 경우 수급권자의 자격을 제한하는 것이 아닌 중위소득의 평균치에 미치지 못하는 금액의 추가 수입원이 발생되었을 때 추가 발생분에 대한 금액만 과세지표로 삼고 수급권은 유지하도록 해야만 향후 수급권자가 아닌 일반 과세자로서의 자격 상승의 효과를 기대할 수 있을 것이다. 장기적인 측면에선 「국민기초생활보장법」 재원의 고갈을 방지함과 동시에 기초수급권자의 삶의 질 또한 향상시킬 수 있는 방안이라 생각된다.

경기도에서 실시한 예술인기회소득에 문제를 제기했던 방두영 화백은 한 달 후 지급 가능하다는 연락이 와서 150만 원의 예술인기회소득을 지원받았다. 2회에 거쳐 분할하면 월급 개념이 되기에 한 번에 지급하였고, 소득 항목도 변경하였다는 것이 경기도청의 설명인데 자세한 내용은 개인별 차이가 있으니 지역 주민센터 사회복지사와 상담을 해야 한다고 하였다.

제3절 예술인 지원사업 유형

1. 창작준비금 지원사업

1) 사업 안내

• 사업개요: 창작준비금 창작디딤돌(창작씨앗지원): 1인 300만 원(200만 원), 상 · 하반기, 격년 지원을 통한 예술인의 지속적이고 안정적인 창작활동 환경 조성 및 동기 고취

• 신청방법: 창작준비금시스템(www.kawfartist.net) 온라인 신청

-신청 시 동의사항(개인정보, 부정수급 · 오지급, 필수사항, 초상권) 확인

-불가피한 사유로 온라인 신청이 어려운 경우 우편을 통해 1회에 한하여 온라인 신청 대행 요청 가능(온라인 신청 대행 요청서, 동의서 제출)

 * 해당서식은 시행지침에서 확인 가능하며 보조금 교부를 위한 통장사본은 선정자에 한하여 추후 제출

• 선택 제출서류: 아래 사항 해당자에 한하여 선택 제출

-우편 신청 시: 온라인 신청 대행 요청서 1부, 동의서(개인정보, 부정수급 · 오지급, 필수사항, 초상권) 4부

-농 · 어촌 지역 거주자: 주민등록등본 1부

 * 본인의 성명 및 생년월일, 세대주의 생년월일 외에 모든 가구원의 개인정보 포함(문서 진위여부 확인을 위함)

 * 사업 공고일 이후 발급한 서류만 인정하며 문서 확인번호 조회를 통해 진위 여부가 확인된 서류만 인정

2) 참여 자격

• 참여 대상

-「예술인 복지법」상 예술활동증명을 완료한 예술인(공고일 기준 유효자)

 * 국내 거주 내국인에 한함(외국인 · 재외국민 참여 불가)

-소득인정액이 당해 연도 기준 중위소득 120% 이내 예술인

 * (소득인정액) 사회보장정보시스템을 통한 신청인의 소득 · 재산 조사를 통해 산정

 * (기준 중위소득 120%) 보건복지부 고시 기준 1인 가구 2,493,470원

• 참여 제한 대상: 아래 각 호 중 하나라도 해당되는 예술인

① 예술인 산업재해보상보험 가입 관련 특례, 표준계약서 체결 예술인 사회보험료 지원 관련 특례, 예술인 신문고 관련 특례, 신진예술인 예술활동증명으로 예술활동증명을 완료한 예술인

② 만 19세 미만 예술인(공고일 기준)

③ 2022년 및 2023년 창작준비금지원사업 창작디딤돌에 선정된 예술인

④ 2022년 및 2023년 창작준비금지원사업 창작씨앗에 선정된 예술인

⑤ 2023년 예술인파견지원 예술로 사업에 선정된 예술인

⑥ 창작준비금지원사업 참여제한 대상자(활동보고서 최종 미제출 및 미보완자)

⑦ 예술인파견지원 예술로 사업 참여제한 대상자(연속참여제한 대상자는 제외)

⑧ 성희롱 · 성폭력 관련 사회적으로 물의를 일으킨 자(자세한 내용은 시행지침 참조)

  * 2022년 및 2023년 연도는 2023년 하반기 공고에 표시된 내용

• 유의사항

−부정 청구: 창작준비금사업은 「공공재정 부정청구 금지 및 부정이익 환수 등에 관한 법률」 적용 대상으로 부정이익 및 오지급 금액은 전액 환수하며(악의적인 부정청구 행위는 최대 5배까지 제재부가금 부과) 위반 사안에 따라 재단사업 참여 제한 조치 적용(자세한 내용은 시행지침 참조)

−사회보장: 국민기초생활수급자 등 타 사회보장제도로 지원받는 자는 창작준비금을 교부받을 경우 수급 자격 또는 급여의 변동이 있을 수 있으므로 사전에 해당 주민센터 등의 관련 담당자와 필히 상의 후 신청

−중복수혜 및 중복참여

① 정부 · 지방자치단체 · 지역문화재단 등에서 시행하는 각종 지원사업의 운영 방침에 따라 창작준비금 중복 수혜가 어려울 수 있으므로 이에 대해 해당 기관에 필히 문의 후 신청(창작준비금 교부 이후 선정 취소 불가)

② 2023년 예술인파견지원 예술로 사업과 중복 신청 시 우선 선정된 사업에 참여 필수(선택 불가)

③ 2023년 창작준비금지원사업 창작디딤돌에 선정된 예술인은 2024년 창작준비금지원사업 창작디딤돌 사업 참여 불가

④ 2023년 창작준비금지원사업 창작디딤돌에 선정된 예술인은 창작준비금지원사업 창작씨앗사업 참여 불가

3) 심의 및 결과

• 심의

-심의 기준: 소득인정액이 낮은 순(사회보장정보원 사회보장정보시스템 조사)

-심의 방법: 신청서류 행정검토 및 사회보장정보시스템을 통한 조사 후 전문심의 등을 통해 지원 적격 여부 심의

-우선 선정

① 창작준비금시스템을 통해 원로예술인으로 조사된 자는 자격요건 충족 시 우선 선정(만 70세 이상인 자)

② 사회보장정보시스템을 통해 장애예술인으로 조사된 자는 자격요건 충족 시 우선 선정(등급·종류 무관)

③ 배점기준: 소득 부문(모든 신청자 공통) 및 추가 부문(해당·선택자)으로 구성

〈소득 부문 배점표-사회보장정보시스템 연계를 통한 산정〉
-기준 중위소득 범위 30% 이하(8점): 623,368원 이하
-기준 중위소득 범위 30% 초과 ~ 60% 이하(7점): 1,246,735원 이하
-기준 중위소득 범위 60% 초과 ~ 90% 이하(6점): 1,870,103원 이하
-기준 중위소득 범위 90% 초과 ~ 120% 이하(5점): 2,493,470원 이하
　(소득인정액이 기재된 금액 이하의 경우 해당구간의 배점 부여)

〈추가 부문 배점표〉
-최초 수혜 예술인(창작준비금시스템 연계): 2점
-농·어촌 지역 거주자(주민등록등본 반영): 1점

-동점처리: 소득인정액이 동일한 대상자 발생으로 지원 가능 인원 초과 시 아래 기준표 순서로 선정

① 1순위: 소득평가액이 낮은 예술인(사회보장정보시스템 연계)

② 2순위: 최초 수혜 예술인(창작준비금시스템 연계)

③ 3순위: 농·어촌 지역 예술인(주민등록등본 기준)

* 3순위 농·어촌지역 예술인 해당자의 경우, 사실 확인을 위한 추가 서류 제출 필수

* 동점처리 기준 3순위까지 적용 후에도 동점자가 발생할 경우 (1차) 60대 중 연장자순 선정, (2차) 「청년기본법」 제3조에 의거한 34세 이하 대상자 중 연소자순 선정, 이후에도 동점자 발생 시 전문심의에서 선정

• 결과 발표: 재단 홈페이지 공지 후 창작준비금시스템을 통해 개별 확인

• 선정자 의무사항

- 제출 서류: 선정자는 재단 제시 기간에 본인 명의 통장 사본 및 신분증 사본 제출(기간 외 계좌 변경이 불가하므로 정상 입·출금 가능 여부를 필히 확인하여 제출)

* 비정상 계좌 제출 또는 미제출로 인한 교부 지연·불가·선정 취소에 대한 책임은 신청인에게 있음

-활동보고: 창작준비금을 교부받은 모든 예술인(원로예술인 포함)은 예술활동(계획)보고서를 필수 제출하고 재단의 승인을 받아야 함

보고서가 최종 미승인(미제출·미보완)되면 참여 연도 다음 해부터 사업 참여가 제한되며 재단에서 시행하는 모든 지원사업(창작준비금 지원, 예술인파견 지원, 예술인 국민연금보험료 지원, 예술인 의료비 지원, 예술인 심리상담 지원) 참여가 제한됨(활동보고서 미제출 시 사업 선정 차수별 미제출 1회 참여제한 5년, 2회 참여제한 10년, 3회 영구 제외됨으로 유의)

-모니터링: 창작준비금을 교부받은 예술인은 재단에서 요청하는 경우 인터뷰, 모니터링, 간담회 등에 참여할 수 있음

2. ARKO 기부금사업

한국문화예술위원회(ARKO)는 「문화예술진흥법」에 의거하여 문화예술진흥기금을 통해 1973년부터 문화예술기부금사업을 진행하고 있다. 문화예술진흥기금은 「문화예술진흥법」에 의하여 한국문화예술위원회가 조성·관리·운영하는 기금으로 예술인을 지원하고 문화예술의 대중적 저변을 넓히기 위한 중요한 공공재원이다. 문화예술진흥기금은 기금적립금과 이자수익, 개인과 기업의 기부금 등의 수입으로 조성되어 문화예술 진흥을 위한 다양한 사업에 사용되고 있다.

1) 기부금 유형
-**일반기부금**: 구체적인 용도나 조건 없이 문화예술의 진흥을 위해 후원금을 출연하

는 기부로 일반기부금으로 모금된 기부금은 문화예술 전반에 걸쳐 예술인 및 예술단체의 자유로운 창작활동을 위해 사용되며, 다양한 문화예술진흥기금 지원사업에 사용한다.

-조건부기부금: 지원하고 싶은 문화예술사업 또는 예술인(단체)을 직접 지정하여 지원 기부로 조건부기부금 관리시스템을 통해 투명하게 관리되어 사업종료 후 성과보고, 사업비 정산까지 기부자에게 전달한다.

-실명제기부금: 실명제기부금은 기부받은 고액 자본(Seed Money)의 기금관리로 발생한 수익금을 지속적으로 기부하는 특별 조건부 기부금제도로 현재 '방일영문화재단의 문예진흥기금', '국민은행의 문화사랑기금'을 운영하고 있다.

2) 문화예술후원센터 사업 소개

한국문화예술위원회 문화예술후원센터는 문화예술의 가치를 확산하고 문화예술 분야의 후원에 대한 긍정적인 사회 분위기를 조성하기 위하여, 다양한 기부금 사업과 후원 캠페인 그리고 제도적 지원을 하고 있다.

• 기부금 사업
-예술나무 기부금 사업: 정기 후원, 일시 후원
-조건부기부금사업: 기부자가 특정사업 또는 단체 지원을 조건으로 한국문화예술위원회에 기부하여 세제 혜택 및 수수료 보존을 받을 수 있는 사업
-예술단체 정기후원(CMS) 지원사업: 정기후원(CMS) 예술단체는 3년 이상의 예술활동 증빙과 운영 성과 등을 심사하여 선정된 문화예술 발전에 기여하고 있는 예술단체이다.
-크라우드펀딩 매칭지원사업: 기초예술 분야 예술인(단체)이 크라우드펀딩을 통해 지속적인 창작활동을 위한 자금을 마련할 수 있도록 지원하는 사업
-기업과 예술의 만남: 한국문화예술위원회의 문화예술 분야 전문성과 네트워크를 바탕으로, 후원사의 경영이념 및 사회적 가치 추구 방향에 맞춘 최적의 문화예술 협력사업을 기획·운영하고 있다.

• 제도 사업

-문화예술후원 인증제도: 2014년 제정 및 시행된 「문화예술후원 활성화에 관한 법률」 (약칭 문화예술후원법)에 의거하여, 문화예술 분야 후원활동을 촉진하거나 모범적으로 수행하는 단체 및 기업 등을 선정하여 국내 문화예술 분야 후원 기반을 강화하고 지원하고자 마련된 제도이다.

-문화예술후원매개전문가 양성사업: 문화예술후원매개전문가는 기부자(기업, 개인)와 예술인 및 예술단체 등 수혜자 간의 소통과 교류를 도우며 민간 후원의 가교 역할을 하는 전문가 양성과 문화예술후원매개단체 육성

문화예술후원매개전문가 양성사업의 브랜드인 아트너스 클럽(Artners Club)은 Art와 Gardeners를 합쳐 만든 합성어로, 예술의 사회적 가치를 확산하고 건강한 후원문화 조성을 위해 문화예술과 사회공헌 영역을 기획하고 매개하는 사람들의 모임이란 뜻을 담고 있다.

• 캠페인 사업

-예술나무운동: 한국문화예술위원회의 후원 브랜드는 '예술나무운동'이다. 문화예술의 가치와 후원 문화 확산을 위해 예술을 '우리가 함께 키워야 할 나무'로 형상화한 캠페인으로 많은 예술인들이 안정적으로 창작활동을 할 수 있는 기반을 마련하는 것이 목적이다.

-문화로 인사합시다: 기업이 거래처 등에 연극, 뮤지컬, 오페라, 전시회, 운동경기 등 문화비로 지출한 비용 즉 문화접대비는 법인세를 줄여 준다. 문화예술을 활용한 접대는 거래처에 좋은 인상을 주고 직원들의 워라밸(Work and Life Balance)에 기여해 직장생활 만족도를 높이는 일석이조의 효과가 있다.

3) 특별한 기부

최근 들어 기부에 의미를 부여하는 현상이 일어나고 있다. 개인이나 가족 또는 본인이 속해 있는 커뮤니티에 의미를 부여한 특별한 기부 행위를 하는 것이다.

-개인 특별기부: 의미 있는 날, 문화예술 후원으로 더욱 특별하게 기념

-예술나무 아너스 클럽(Artistree honors club) : 우리나라 문화예술의 발전을 위해 1억 원 이상의 소중한 후원금을 기부, 또는 약정한 개인 고액후원자 모임

-기억하고 싶은 순간(Remebering moments): 인생의 기억하고 싶은 순간을 예술나무 특별기부(탄생·백일, 돌, 입학, 졸업, 성년의 날, 취업·개업, 첫월급, 새로운 도전, 합격·수상, 결혼, 퇴직 등)로 기념

-함께하는 후원: 가족, 친구, 학급, 동기, 동아리 모임, 임직원 등 함께 마음을 모아 기부

-기념일 후원(Special day): 생일, 결혼기념일 등 나만의 기념일을 기부로 더욱 특별하게 기념

기부자(기업, 개인)에게는 후원을 통한 사회공헌과 함께 세제 혜택을 제공하고, 수혜자(예술인, 예술단체)에게는 기부금을 바탕으로 창작활동에 집중할 수 있다.

3. 경기도예술인 기회소득사업

경기도는 「경기도 예술인 기회소득 지급 조례」에 따라 '2023년 경기도 예술인 기회소득' 시범사업을 실시하였다. 사회적 가치를 창출하는 예술인에 대한 정당한 보상을 통해 예술인의 창작활동을 촉진하고 도내의 문화예술 가치 확산을 도모하기 위한 취지로 마련되었다.

• 지원 대상자: 아래 3가지 사항을 모두 만족해야 한다.

-2023. 6. 30. 현재 27개 시·군에 주민등록을 두고 있는 예술인(수원, 성남, 고양, 용인시 제외)

-2023. 6. 30. 현재 한국예술인복지재단에서 발급하는 '예술활동증명서'를 가지고 있는 예술인(유효기간 이내 증명에 한함)

-개인 소득인정액이 보건복지부 장관이 고시하는 2023년 기준 중위소득의 120% 수준(월 2,493,470원) 이하에 해당하는 예술인

• 제외 대상자

-신진예술활동증명자: 19세 미만자(2004. 7. 1.이후 출생자)

-주민등록번호 기준: 성범죄로 인한 신상공개 대상자(성범죄자e알리미시스템 확인)

• 유의사항

-국민기초생활수급자, 차상위계층 등 사회보장급여(자격) 및 경기도 청년 · 농민 · 농촌 기본소득과 중복 지급 가능

-단, 본 사업의 수혜로 인해 기존의 타 지원사업의 수급 자격에 변동 및 탈락이 있을 수 있으므로 반드시 담당자와 사전 확인 후 신청

• 지원금액: 1명당 연간 150만 원 / 2회 분할 현금 지급
• 지원시기: 1차와 2차로 실시

• 신청방법: 온라인(본인 직접) 또는 방문 신청

-온라인신청은 경기민원24(https://gg24.gg.go.kr)에서 본인만 신청 가능

-방문신청은 주소지 읍 · 면 · 동 행정복지센터에 본인 또는 대리인 신청 가능(시 · 군별로 접
수 일정이 다르므로 시 · 군 홈페이지 참조 또는 해당 시 · 군에 직접 문의)

• 제출서류

-신청서, 개인정보 수집 · 이용 · 제3자 정보제공 및 행정정보활용동의서, 예술활동증 명서 사본 1부(인터넷 신청 시 사진 또는 이미지 파일 첨부), 설문동의서(선택), 사회보장급여(자격) 사실확인 서 1부(대상자에 한함)

* 예술활동증명서는 한국예술인복지재단(www.kawfartist.kr)에서 발급

-대리인의 경우 위임자 신분증 사본 1부 첨부, 방문자 신분증(주민등록증, 운전면허증, 여권 중 하나 지참)

4. 경기력 성과포상금

'경기력 성과포상금'은 국제대회에서 뛰어난 경기력을 보여 국위를 선양한 선수들에게 주는 보상금이다. 흔히 체육연금으로 알고 있는 경기력향상연구연금은 2022년 「체육인 복지법」이 시행되면서 경기력 성과포상금으로 명칭이 변경되었다.

「체육인복지법」에 국가는 국가대표 선수 · 지도자에게 경기력 향상과 생활 안정을 위 하여 포상금, 의료비 및 장학사업 등 대통령령으로 정하는 복지후생금을 지원할 수 있다

고 규정하고 있어서 체육인에 대한 복지를 확대시켰다.

• 지원 근거

–「체육인복지법」제8조(국가대표 선수·지도자에 대한 지원 등)

① 국가는 국가대표 선수·지도자에게 경기력 향상과 생활 안정을 위하여 포상금, 의료비 및 장학사업 등 대통령령으로 정하는 복지후생금(이하 "복지후생금"이라 한다)을 지원할 수 있다.

② 복지후생금의 지급 기준 등에 필요한 사항은 대통령령으로 정한다.

–「체육인복지법 시행령」제2조(체육인인 선수의 범위)

①「체육인 복지법」(이하 "법"라 한다) 제2조제1항제1호가목에서 "대통령령으로 정하는 사람"이란 다음 각 호의 어느 하나에 해당하는 대회에 출전한 경력이 있는 사람으로서 「국민체육진흥법」에 따른 경기단체(이하 "경기단체"라 한다)에 선수로 등록된 기간이 총 5년 이상이면서 연속하여 3년 이상 등록된 적이 있거나 등록 중인 사람을 말한다.

1. 국제올림픽위원회 및 국제장애인올림픽위원회가 주관하는 올림픽대회

2. 아시아올림픽평의회 및 아시아장애인올림픽위원회가 주관하는 아시아경기대회

3. 종목별 국제경기연맹이 주관하는 세계선수권대회

4. 국제대학스포츠연맹에서 주관하는 세계대학경기대회

5. 국제농아인스포츠위원회에서 주관하는 농아인올림픽대회

–동법 제13조(복지후생금의 종류 및 지급 기준 등)

① 법 제8조제1항에서 "포상금, 의료비 및 장학사업 등 대통령령으로 정하는 복지후생금"이란 다음 각 호의 지원금(이하 "복지후생금"이라 한다)을 말한다.

1. 경기력 성과포상금

② 복지후생금의 지급 대상이 될 수 있는 사람은 다음 각 호의 구분에 따른다.

1. 제1항제1호의 경기력 성과포상금: 제2조제1항제1호부터 제5호까지의 대회 및 그 밖에 문화체육관광부장관이 인정하는 대회에 출전하여 입상한 국가대표선수 또는 입상한 국가대표선수의 지도자

• 지급액

경기력향상연구연금은 장애인올림픽부터 시작하여 농아인올림픽까지 확장되었고, 금·은·동메달 각각 90점·70점·40점으로 조정되었으며, 상한액은 100만 원이다.

정부공개포털을 통해 국민체육진흥공단(2023. 12. 1.)으로부터 받은 자료에 따르면 「체육인복지법」에 의한 경기력 성과포상금은 체육인복지 지원사업 시행지침(문화체육관광부 훈령) 제

31조(선수 경기력 성과포상금 지급액)에 자세히 규정되어 있다.

> -국제장애인올림픽위원회가 주관하는 올림픽대회: 1위부터 6위까지
> -아시아장애인올림픽위원회가 주관하는 아시아경기대회: 1위부터 3위까지
> -종목별 국제경기연맹이 주관하는 세계선수권대회: 1위부터 3위까지
> -국제농아인스포츠위원회에서 주관하는 농아인올림픽대회: 1위부터 3위까지

현재 경기력 성과포상금을 받는 장애인선수는 2023년 11월 현재 339명이며 금액은 이전과 거의 변동이 없는 수준이고, 동 훈령 제32조(선수 경기력 성과포상금 지급 방법)에 매월 받는 월정금과 한꺼번에 받는 일시금 지급 방식이 있다고 규정되어 있다. 일시금 금액은 5년 동안의 경기력 성과포상금을 합한 액수로 급하게 목돈이 필요한 경우에 이용을 할 수 있다.

• 자격 박탈

-「체육인복지법」 제22조(복지후생금 등의 지급 중지)

① 문화체육관광부 장관과 지방자치단체의 장은 복지후생금 또는 제11조에 따른 지원금을 받은 사람이 다음 각 호의 어느 하나에 해당하는 경우 복지후생금 또는 지원금의 지급을 중지한다.

1. 사망한 경우

2. 대한민국 국적을 상실한 경우

3. 다음 각 목의 어느 하나에 해당하는 품위손상 행위를 한 경우

가. 선수 또는 지도자가 그 신분을 이용하여 부당한 혜택을 강요하거나 알선하는 행위

나. 폭행 · 협박, 기물파손 또는 그 밖의 방법으로 부당하게 공무집행을 방해하는 행위

4. 금고 이상의 형 또는 치료감호를 선고받고 그 형 또는 치료감호가 확정된 경우. 다만, 과실범의 경우는 제외한다.

5. 다음 각 목의 어느 하나에 해당하는 죄를 저지른 경우로서 벌금형이나 그 이상의 형 또는 치료감호를 선고받고 그 형 또는 치료감호가 확정된 경우

가. 「성폭력범죄의 처벌 등에 관한 특례법」 제2조에 따른 성폭력범죄

나. 「아동 · 청소년의 성보호에 관한 법률」 제2조제2호에 따른 아동 · 청소년대상 성범죄

다. 「아동복지법」 제71조제1항 각 호의 죄

라. 「형법」 제2편 제24장 살인의 죄 또는 같은 편 제25장 상해와 폭행의 죄

② 제1항제3호에 따른 지급 중지의 기준 및 절차 등 복지후생금 등의 지급 중지에 필요한 사항은 대통령령으로 정한다.

-동법 제23조(보상금 등의 환수)

① 문화체육관광부 장관과 지방자치단체의 장은 보상금, 복지후생금 또는 제11조에 따른 지원금(이하 "보상금 등"이라 한다)을 받은 사람이 다음 각 호의 어느 하나에 해당하는 경우에는 그가 받은 보상금 등을 환수하여야 한다.

1. 거짓이나 그 밖의 부정한 방법으로 보상금 등을 받은 경우

2. 보상금 등을 받은 후 그 보상 또는 지원을 받게 된 사유가 소급하여 소멸된 경우

3. 그 밖에 보상금 등이 잘못 지급된 경우

② 문화체육관광부 장관과 지방자치단체의 장은 제1항에 따라 환수를 하는 경우 보상금 등을 반환할 자가 기간 내에 이를 반환하지 아니하면 국세강제징수의 예에 따라 징수할 수 있다.

③ 문화체육관광부 장관과 지방자치단체의 장은 제2항에 따라 보상금 등을 징수할 때 반환할 사람이 행방불명되거나 재산이 없는 등 대통령령으로 정하는 불가피한 사유로 환수가 불가능하다고 인정할 때에는 결손처분을 할 수 있다.

④ 그 밖에 보상금 등의 환수, 결손처분 등에 필요한 사항은 대통령령으로 정한다.

5. 세계구족화가협회의 장학금제도

세계구족화가협회(AMFPA, Association of Mouth and Foot Painting Aritists) 가입은 중증의 장애미술인들에게 도전하고 싶은 하나의 목표가 되고 있다. 이 협회는 소아마비로 팔을 사용하지 못해 입에 붓을 물고 작업을 했던 독일의 구필화가 에릭 스테그만(A. E. Stegmann)이 세계 각지의 비슷한 처지에 놓인 장애인화가들과 힘을 합하여 1956년에 설립하였다.

협회는 오늘날 전 세계 80여 개국에 걸쳐 1,000여 명에 이르는 입이나 발로 그림을 그리는 재능 있는 구족 화가들이 회원으로 가입되어 매월 장학금(scholarship)을 받고 있다. 이 장학금으로 구족화가들은 경제적인 문제에서 자유로워졌으며, 동시에 예술인로서 자신의 작품활동을 추구해 나갈 수 있는 기반이 마련되었다.

우리나라에는 현재 20명의 구족화가들이 세계구족화가협회의 회원으로 등록되었다. 세계구족화가협회 회원은 정회원, 준회원, 학생회원의 세 가지 유형이 있는데 정회원은 7명으로 장학금 액수는 비공개로 되어 있지만 액수가 적지 않다. 회원은 분기별로 작품을 납품하는데 총 작품수가 12점으로 한 달에 1개 작품에 해당된다. 작품은 협회에 귀속되기 때문에 작가는 저작권을 주장할 수 없다.

1년 동안의 활동을 정리하여 보고서를 제출해야 하는데 개인전, 단체전은 5개 정도 적어 넣도록 되어 있다. 방송에 출연한다거나 신문 등 미디어 노출 빈도가 예술활동 평가에 도움이 된다. 우리나라의 구족화가 관리는 한국구족화가협회에서 맡아 운영하고 있다.

우리나라 구필화가 1호는 김준호 화백이다. 그는 1954년 서울에서 태어나 인하대학교 공과대학 건축과 2학년 때 군에 입대하였다. 군복무 19개월이 되던 어느 날 부대의 관물대 위에 올라가 물건을 정리하다가 실수로 바닥에 떨어지는 사고로 경수 신경이 손상되어 전신마비장애를 갖게 되었다.

보훈병원 입원 중 엎드려 누운 자세로 입에 붓을 물고 그림을 그리는 구필화가가 있다는 것을 알고 소현(素玄) 선생에게 동양화를 배웠다. 1981년 세종문화회관에서 열린 그의 첫 전시회 '김준호 구필 작품전'이 언론에 소개되면서 그는 일약 유명 인사가 되었다. 국내는 물론 미국과 일본 등 해외 전시회에서 더 큰 호평을 받았다.

김 화백은 우리나라 구필화가 1호로 1991년에 정식으로 세계구족화가협회 한국지부를 설립하여 우리나라에 구족화가를 양성하는데 결정적인 역할을 하였다.

김준호 화백은 전국에서 찾아오는 구족화가 지망생들을 상담해 주면서 중증장애인들에게 새로운 삶을 찾아 주며 구족화가들의 든든한 버팀목이 되었지만 본인은 욕창을 비롯한 각종 합병증으로 고통스러운 삶을 살다가 2002년 세상을 떠났다.

제4절 지원 관련 법률

1. 국민기초생활보장법

1) 급여의 기본 원칙

국민기초생활보장제도란 개별가구의 소득이 국가가 정한 일정 기준선에 미달하는 저소득 가구를 대상으로 생계, 의료, 주거, 교육비용을 지원하는 제도이다. 국민기초생활보장제도는 1997년 말 외환위기로 실업과 빈곤문제가 심각했던 상황에서, 저소득층의 인간다운 삶을 보장하기 위해 「국민기초생활보장법」을 제정하여 2000년부터 시행되고 있다.

이 제도는 근로능력 유무와 무관하게 모든 저소득 가구의 소득보장을 위하여 자활사업을 통해 근로연계복지를 실시하고 있다. 국민기초생활보장 대상자는 생활의 유지와 향상을 위하여 자신의 소득, 재산, 근로능력 등을 활용하여 최대한 노력하는 것을 전제로 이를 보충하며 발전시키는 것을 기본 원칙으로 한다.

「국민기초생활보장법」 제3조와 제4조에 급여의 기본 원칙과 급여의 기준이 규정되어 있다.

－제3조(급여의 기본 원칙)

① 이 법에 따른 급여는 수급자가 자신의 생활의 유지·향상을 위하여 그의 소득, 재산, 근로능력 등을 활용하여 최대한 노력하는 것을 전제로 이를 보충·발전시키는 것을 기본 원칙으로 한다.

② 부양의무자의 부양과 다른 법령에 따른 보호는 이 법에 따른 급여에 우선하여 행하여지는 것으로 한다. 다만, 다른 법령에 따른 보호의 수준이 이 법에서 정하는 수준에 이르지 아니하는 경우에는 나머지 부분에 관하여 이 법에 따른 급여를 받을 권리를 잃지 아니한다.

급여의 기본 원칙을 정리하면 다음과 같다.

① **최저생활보장의 원칙**: 생활이 어려운 자에게 생계·주거·의료·교육·자활 등 필요한 급여를 지원하여 이들의 최저생활을 보장

② **보충급여의 원칙**: 생계급여 수급자의 최저보장 수준은 생계급여액과 수급자 가구의

소득인정액을 합한 수준이 생계급여 선정기준 이상이 되도록 지원

③ **자립지원의 원칙**: 보장기관은 근로능력이 있는 생계급여 수급자에게 자활사업에 참여할 것을 조건으로 생계급여를 지급

④ **개별성의 원칙**: 급여수준을 정함에 있어서 수급권자의 개별적 특수 상황을 최대한 반영

⑤ **가족부양 우선의 원칙**: 급여신청자가 부양의무자에 의하여 부양될 수 있는 경우에는 기초생활보장급여에 우선하여 부양의무자에 의한 보호가 먼저 행해져야 함.

> * 2021년 10월부터 기초생활보장 생계급여 부양의무자 기준이 폐지되었다. 고소득(연 1억, 세전)·고재산(9억) 부양의무자가 있는 경우가 아니라면, 수급자 본인의 소득·재산이 생계급여 선정기준(소득인정액이 기준 중위소득 30% 이하)을 충족하는 경우 부양의무자 유무에 관계 없이 생계급여 혜택을 볼 수 있음.

⑥ **타급여 우선의 원칙**: 급여신청자가 다른 법령에 의하여 보호를 받을 수 있는 경우에는 기초생활보장급여에 우선하여 다른 법령에 의한 보호가 먼저 행해져야 함.

－제4조(급여의 기준 등)

① 이 법에 따른 급여는 건강하고 문화적인 최저생활을 유지할 수 있는 것이어야 한다.

② 이 법에 따른 급여의 기준은 수급자의 연령, 가구 규모, 거주지역, 그 밖의 생활여건 등을 고려하여 급여의 종류별로 보건복지부 장관이 정하거나 급여를 지급하는 중앙행정기관의 장이 보건복지부 장관과 협의하여 정한다.

③ 보장기관은 이 법에 따른 급여를 개별가구 단위로 실시하되, 「장애인복지법」 제32조에 따라 등록한 장애인 중 장애의 정도가 심한 장애인으로서 보건복지부 장관이 정하는 사람에 대한 급여 등 특히 필요하다고 인정하는 경우에는 개인 단위로 실시할 수 있다.

④ 지방자치단체인 보장기관은 해당 지방자치단체의 조례로 정하는 바에 따라 이 법에 따른 급여의 범위 및 수준을 초과하여 급여를 실시할 수 있다. 이 경우 해당 보장기관은 보건복지부 장관 및 소관 중앙행정기관의 장에게 알려야 한다.

2) 소득인정액의 산정

－제6조의2(기준 중위소득의 산정)

① 기준 중위소득은 「통계법」 제27조에 따라 통계청이 공표하는 통계자료의 가구 경상소득(근로소득, 사업소득, 재산소득, 이전소득을 합산한 소득을 말한다)의 중간값에 최근 가구소득 평균 증가율, 가구 규모에 따

른 소득수준의 차이 등을 반영하여 가구 규모별로 산정한다.

② 그 밖에 가구 규모별 소득수준 반영 방법 등 기준 중위소득의 산정에 필요한 사항은 제20조제2항에 따른 중앙생활보장위원회에서 정한다.

-제6조의3(소득인정액의 산정)

① 제2조제9호에 따른 개별가구의 소득평가액은 개별가구의 실제소득에도 불구하고 보장기관이 급여의 결정 및 실시 등에 사용하기 위하여 산출한 금액으로 다음 각 호의 소득을 합한 개별가구의 실제소득에서 장애·질병·양육 등 가구 특성에 따른 지출 요인, 근로를 유인하기 위한 요인, 그 밖에 추가적인 지출 요인에 해당하는 금액을 감하여 산정한다.

1. 근로소득

2. 사업소득

3. 재산소득

4. 이전소득

② 제2조제9호에 따른 재산의 소득환산액은 개별가구의 재산가액에서 기본재산액(기초생활의 유지에 필요하다고 보건복지부 장관이 정하여 고시하는 재산액을 말한다) 및 부채를 공제한 금액에 소득환산율을 곱하여 산정한다. 이 경우 소득으로 환산하는 재산의 범위는 다음 각 호와 같다.

1. 일반재산(금융재산 및 자동차를 제외한 재산을 말한다)

2. 금융재산

3. 자동차

③ 실제소득, 소득평가액 및 재산의 소득환산액의 산정을 위한 구체적인 범위·기준 등은 대통령령으로 정한다.

소득인정액의 산정에 나오는 소득의 종류를 설명하면 아래와 같다.

① **근로소득**: 근로의 제공으로 얻는 소득

② **사업소득**: 농업소득, 임업소득, 어업소득, 기타 사업소득(도매업, 소매업, 제조업 등)

③ **재산소득**: 임대소득, 이자소득, 연금소득

④ **이전소득**: 친족 또는 후원자 등으로부터 정기적으로 받는 금품 중 보건복지부 장관이 정하는 금액 이상의 금품 또는 정기적으로 지급되는 각종 수당, 연금, 급여 또는 그 밖의 금품

소득의 범위에 해당하지 않는 경우는 아래와 같다.

-퇴직금, 현상금, 보상금, 근로장려금 및 자녀장려금 등 정기적으로 지급되는 것으로 볼 수 없는 금품

-보육, 교육 또는 그 밖에 이와 유사한 성질의 서비스 이용을 전제로 받는 보육료, 학자금, 그 밖에 이와 유사한 금품

-지방자치단체가 지급하는 금품으로써 보건복지부 장관이 정하는 금품

3) 급여의 종류

-제7조(급여의 종류)

① **생계급여**: 기준 중위소득의 30% 이하, 의복과 음식 등 일상생활에 기본적으로 필요한 금품을 지급

② **의료급여**: 기준 중위소득의 40% 이하, 근로능력 유무에 따라 1종과 2종으로 보호

③ **주거급여**: 기준 중위소득의 47% 이하, 국토교통부 장관이 정하는 기준에 따라 지급

④ **교육급여**: 기준 중위소득의 50% 이하, 교육부 장관이 정하는 기준에 따라 입학금·수업료·교과서대 등 지급

⑤ **해산급여**: 출산 시 70만 원 지급, 쌍둥이 출산 시 140만 원 지급, 교육급여만을 받는 수급자는 제외

⑥ **장제급여**: 사망자 1구당 80만 원 지급, 교육급여만을 받는 수급자는 제외

⑦ **자활급여**: 수급자의 자활을 돕기 위하여 급여 실시

2024년 개편된 국민기초생활보장제도는 기준 중위소득을 2023년도에 비해 6.09% 상향하였고, 생계급여 지원 기준액도 2023년도에 비해 평균 2% 정도 인상되었다.

또한 국민기초생활보장제도 수급자 면제도 확대된다.

- 주민세가 비과세가 됨
- 수급자가 소지한 TV수상기에 대해서는 수신료가 면제
- 수급자가 자동차 정기검사 및 종합검사를 받는 경우 수수료 면제
- 주민등록증 재발급, 주민등록 등·초본 발급 수수료 면제
- 7, 8, 9월분 전기요금이 할인
- 각 지방자치단체의 조례에 따라 수급자의 가구에 부과되는 상수도 및 하수도 요금의 일부 또는 전부 감면

- 수급자 가구에 종량제 봉투를 무료로 제공하는 방법 등을 통해 종량제 폐기물 수수료 감면
- 에너지바우처(난방비 지원)는 소득기준과 가구원 특성기준을 모두 충족하는 가구에 지원되며 가구원 수에 따라 차등지원
- 시내·시외 전화서비스, 번호안내서비스, 이동전화서비스, 인터넷 전화서비스 등에 사용되는 요금 감면
- 도시가스요금 지원대상에 따라 감면
- 문화누리카드를 1인 1카드, 1인당 연간 10만 원의 문화누리카드 이용료 지원

국민기초생활보장제도 신청방법은 기초생활수급권자 본인, 친족 및 그 밖의 관계인은 관할 특별자치시장, 특별자치도지사, 시장, 군수, 구청장에게 수급권자에 대한 급여를 신청할 수 있다. 차상위자 본인, 친족 및 그 밖의 관계인은 관할 시장, 군수, 구청장에게 급여를 신청할 수 있다. 사회복지 전담 공무원은 급여를 필요로 하는 사람이 누락되지 않도록 관할 지역에 거주하는 수급권자에 대한 급여를 수급권자의 동의를 얻어 직권 신청할 수 있다.

급여를 신청하려는 사람은 급여신청서에 신청 구비서류를 첨부하여 거주지를 관할하는 시장, 군수, 구청장에게 제출한다. 주거가 일정하지 않은 경우에는 실제 거주하는 지역을 관할하는 시장, 군수, 구청장에게 제출한다. 신청서류에는 사회보장급여신청서와 금융정보 등 제공동의서(부양의무자 포함)가 필수 서류이다. 구비서류에는 제적등본, 임대차계약서 등 임대차계약관계를 증빙할 수 있는 서류, 사용대차 확인서, 소득재산 확인서, 위임장 및 신분확인서류, 외국인등록사실증명서 등이 있어야 한다.

2. 대한민국예술원법

「대한민국예술원법」(약칭 예술원법)은 1988년에 제정되었다. 회원 정원을 100명으로 규정하고 있으며, 제2조에 예술원이 국내외에 대한 예술가의 대표기관으로 예술 발전에 필요한 다음 각 호의 사항을 행한다고 되어 있다.

① 예술 진흥에 관한 정책자문 및 건의

② 예술창작활동의 지원

③ 국내외 예술의 교류 및 예술행사 개최

④ 예술원상 수여

⑤ 기타 예술 진흥에 관한 사항

회원의 자격은 대한민국 국민으로서 예술 경력이 30년 이상인 자로, 예술 발전에 공적이 현저한 자로 한다. 회원 후보자는 예술원 회원 또는 예술원이 지정하는 예술단체장의 추천을 받아 회원자격 심사위원회와 종합심사위원회의 심사를 거쳐 총회의 의결로써 회원으로 선출된다. 회원은 전공에 따라 문학·미술·음악·연극영화무용 분과에 소속되며 제6조 회원의 임기는 평생 동안으로 한다.

예술원 회장 및 부회장은 총회에서 선출한다. 회장 및 부회장의 임기는 2년으로 1회에 한하여 연임할 수 있다. 총회는 예술원의 최고의결기관이며 회장이 필요하다고 인정하는 경우 또는 회원의 1/3 이상이 요구하는 경우 회장이 소집한다. 임원회는 회장, 부회장, 각 분과회장의 6인으로 이루어진다.

예술원이 하는 주요 사업으로 예술에 관해 우수한 연구를 했거나 작품을 제작한 예술가, 또는 예술 발전에 크게 이바지한 자를 뽑아 대한민국예술원상을 시상하며, 국제문화교류 및 예술 진흥을 위한 국제예술 심포지엄, 미술분과 회원 작품전, 예술 강연회 개최 등이 있다. 기관지로는 연도별 사업과 현황을 소개하는 〈예술원보〉, 매년 한국의 각 분야별 예술활동 상황을 분석·평가한 〈한국예술지〉, 예술 각 분야에 걸친 연구논문을 수록한 〈예술논문집〉, 예술 각 분야의 자료들을 체계적으로 분석·정리한 〈한국예술총집〉, 우리 정신사의 연원을 찾아 체계화하고 미래지향적인 사관의 설정을 목적으로 한 〈한국예술사〉와 〈한국예술사전〉 등이 있다.

대한민국예술원 회원은 제7조(회원의 대우)에 따라 월 180만 원 연금을 지급하고 있다. 예술창작활동 지원사업은 대한민국예술원법 제12조(예술창작활동의 지원)에 근거하여 문화예술계 원로인 예술원 회원들의 창작활동(저술활동·공연·전시 등)을 조장하고, 예술 발전을 선도할 목적으로 추진하고 있다.

「대한민국예술원법」에 그 근거 규정이 있다.

-제1조(목적)
이 법은 대한민국예술원을 설치하여 예술창작에 현저한 공적(功績)이 있는 예술가를 우대·지원하고 예술창작활동 지원사업을 함으로써 예술 발전에 이바지함을 목적으로 한다.

-제7조(회원의 대우)
① 국가는 회원을 우대하고 그 전문성과 경험을 활용할 수 있는 필요한 조치를 마련하여야 한다.
② 회원에게는 대통령령으로 정하는 바에 따라 수당이나 연금을 지급한다.

-제12조(예술창작활동의 지원)
국가는 예술원의 건의에 따라 예술창작활동에 힘쓰고 있는 예술가나 예술단체에 장려금, 보조금 또는 공로금을 지급할 수 있다.

3. 문화예술후원법

2014년 제정된 「문화예술후원 활성화에 관한 법률」(약칭 문화예술후원법)에 의거하여, 문화예술 분야 후원활동을 모범적으로 수행하는 단체 및 기업 등을 선정하여 국내 문화예술 분야 후원 기반을 강화하고 지원하고자 마련된 제도이다.

매년 문화예술후원 분야에 탁월한 전문성을 갖추고 후원 성과를 일구어 낸 단체 및 기업 등을 심사하여, 문화체육관광부 장관 명의로 문화예술후원매개단체와 문화예술후원 우수기관으로 인증하고 있다.

「문화예술후원법」의 주요 내용을 살펴보면 아래와 같다.
-제1조(목적) 이 법은 문화예술후원을 활성화하기 위하여 필요한 지원 사항을 정함으로써 문화예술의 발전에 기여하고 국민의 문화적 삶의 질 향상에 이바지함을 목적으로 한다.

-제2조(정의) 이 법에서 사용하는 용어의 뜻은 다음과 같다.
1. "문화예술"이란 「문화예술진흥법」 제2조제1항제1호에 따른 문화예술 및 「국가유산기본법」 제3조에 따른 국가유산을 말한다.

2. "문화예술후원"이란 문화예술 발전을 위하여 자발적으로 물적 · 인적 요소를 이전 · 사용 · 제공하거나 그 밖에 도움을 주는 모든 행위를 말한다.

3. "문화예술후원자"란 문화예술후원을 행하는 개인, 법인 또는 단체를 말한다.

4. "문화예술후원매개단체"란 문화예술후원을 매개하거나 지원하는 등 문화예술후원 관련 업무를 수행하는 비영리법인 또는 단체로 제5조제1항에 따라 문화체육관광부 장관의 인증을 받은 단체를 말한다.

–제5조(문화예술후원매개단체의 인증) ① 문화체육관광부 장관은 문화예술후원의 활성화에 필요한 시책을 효과적으로 수행하기 위하여 다음 각 호의 요건을 갖춘 비영리법인 또는 단체를 문화예술후원매개단체로 인증할 수 있다.

1. 「민법」에 따른 비영리법인 등 대통령령으로 정하는 조직 형태를 갖출 것

2. 문화예술후원자를 회원으로 하여 문화예술후원 사업을 하거나 출연재산의 수입 등으로 조성되는 재원으로 문화예술후원 사업을 수행할 것

3. 제6조에 따른 정관이나 규약 등을 갖출 것

4. 그 밖에 운영기준에 관하여 대통령령으로 정하는 사항을 갖출 것

② 제1항에 따라 문화예술후원매개단체로 인증을 받으려는 자는 문화체육관광부 장관에게 인증을 신청하여야 한다.

③ 제1항에 따른 문화예술후원매개단체 인증의 유효기간은 3년으로 하되, 대통령령으로 정하는 바에 따라 그 기간을 연장할 수 있다.

④ 제1항에 따른 인증을 받은 문화예술후원매개단체는 문화체육관광부령으로 정하는 바에 따라 인증표시를 할 수 있다.

⑤ 제1항에 따른 인증을 받지 아니한 자는 제4항의 인증표시를 하거나 이와 유사한 표시를 하여서는 아니 된다.

⑥ 제1항에 따른 문화예술후원매개단체의 인증 방법 및 절차 등에 필요한 사항은 대통령령으로 정한다.

• 문화예술후원매개단체

민간(법인 또는 개인)의 후원금을 유치하여 문화예술단체 또는 예술인에게 연결시키는 매개 역할을 하는 단체를 말한다. 단순 후원이 아닌 문화예술계로 유입되는 민간재원(기부금 등)을 끌어내기 위해 노력하는 활동(매개활동)이 있어야 인증이 가능하다. 인증을 받게 되면 단체의 공신력이 높아지고 기부금 모금 기회가 확대되며 자체 매개 프로그램이 활성화될 수 있다.

• 문화예술후원 우수기관

　자체 재원으로 수익사업 또는 고유 목적사업 이외의 다양한 문화예술 후원활동을 추진하여 후원자로서 역할을 수행하는 곳으로 인증을 받게 되면 '현대판 메디치'로서 고품격 사회공헌 활동이 인정되며, 기업 이미지 제고와 임직원 자긍심이 높아지는 것은 물론이고, 새로운 비즈니스 기회가 발굴될 수 있다. 앞으로 ESG 경영전략으로 문화예술후원이 확대될 것으로 기대된다.

• 문화예술후원 인증의 범위

　-문화예술과 관련 있는 축제, 공연, 전시회, 심포지엄 등 개최
　-문화예술단체 또는 개인에 자금, 인력, 현물, 장소, 기술 등의 지원
　-문화예술 분야와 복지, 교육, 환경 분야 등을 연계한 복합 프로그램
　-문화예술 지원 및 활용을 통한 마케팅 활동(아트 컬래버레이션 등)
　-기업이 특정 공익 법인에 기탁한 조건부 기부금
　-문화예술시설 운영 및 임직원 대상 문화예술활동 지원

　제외 내용은 문화예술 요소를 포함하지 않고 있는 축제, 공연, 전시회, 심포지엄 등의 개최와 대중음악, 흥행성 콘서트 등 상업적 목적의 활동 그리고 판매 촉진만을 주 목적으로 하는 활동은 문화예술후원 인증을 받을 수 없다.

제3장

장애예술인 설문조사

제1절 설문조사 방법

'장애예술인 창작지원금제도'는 장애예술인 당사자들의 의견이 중요하기 때문에 양적 연구 방법으로 구글설문지 서비스를 통해 다음과 같이 실시하였다.

• 조사 기간: 2023년 11월 24일 ~ 2023년 12월 4일

• 조사 대상 및 방법: 설문지는 〈2022년 장애예술인수첩〉에 등재된 550명의 장애예술인 중심으로 카톡과 이메일을 통해 발송

• 응답 인원: 341명

• 설문지 구성: 질문은 '장애예술인 창작지원금제도' 시행 방법을 알아보는 10개 문항과 설문 참여자의 개인 특성 즉 성별, 연령대, 장애 유형, 장애 정도를 알아보는 4개의 문항을 합하여 총 14개 문항으로 구성

「장애예술인 창작지원금제도」
시행방안 마련 연구를 위한 설문조사

(사)한국장애예술인협회 부설 장애인예술연구소에서 「장애예술인지원법」 시행에
필요한 〈장애예술인 예술활동 증명제도 시행방안 연구〉, 〈장애예술인 창작물
우선구매제도 실행모델 연구〉, 〈장애예술인 고용지원제도 연구〉에 이어
가장 중요한 '장애예술인 창작지원금제도'에 관한 연구를 진행하기 위하여
장애예술인 여러분의 의견을 모으기 위한 설문조사를 실시합니다.

1. 장애예술인의 창작을 지원하기 위한 제도가 필요하다고 생각하십니까?
　① 예　　　　　② 아니오

2. 창작 지원의 형태는 어떤 것이 좋습니까?
　① 현금　　　　　② 바우처

3. 창작지원의 규모는 연 어느 정도가 적당하다고 생각하십니까?
　① 600만 원　　② 1,000만 원　　③ 1,200만 원

4. 창작지원금 지급 기간은 어떤 것이 좋을까요?
　① 매월　　　② 분기별로　　③ 6개월마다　　④ 일시 지급

5. 창작지원금 선정 방법은 어떤 것이 합리적일까요?
　① 매년　　　② 격년　　　③ 5년　　　④ 종신

6. 창작지원금 선정 대상의 경력에 따른 구분(신진, 중진, 원로 등)이 필요할까요?
　① 구분이 필요하다　　　　② 구분이 필요 없다

7. 창작지원금 수혜에 걸림돌이 되는 것은 무엇일까요?
　① 국민기초생활수급에 문제가 생긴다.
　② 장애예술인이어서 받는다는 인식이 형성되어 일반 예술계와 멀어진다.
　③ 문제될 것이 없다.

8. 창작지원금 선정 기준에 재산 규모가 포함되어야 할까요?

　① 포함되어야 한다.　　　　　② 포함되지 않아야 한다.

9. 창작지원금에 대한 성과물 제출 기간은 어느 정도가 적당할까요?

　① 매년　　　② 격년　　　③ 3년　　　④ 5년

10. 창작지원금으로 어떤 변화가 일어날까요?

　① 예술의 수월성이 높아진다
　② 안정적으로 창작활동을 할 수 있다
　③ 작가로서의 자존감이 상승한다
　④ 장애예술인에 대한 사회적 지위가 높아진다

다음은 개인적 특성에 대한 내용입니다.

가. 성별

　① 여　　　　　② 남

나. 연령대

　① 20대　　　② 3~40대　　　③ 5~60대　　　④ 70대 이상

다. 장애 유형

　① 지체장애　　　② 뇌병변장애　　　③ 시각장애
　④ 청각장애　　　⑤ 발달장애　　　⑥ 기타

라. 장애 정도

　① 심한 정도(1~3급)　　　　　② 심하지 않은 정도(4~6급)

"장애예술인 여러분들의 고귀한 의견, 감사합니다."

제2절 내용 분석

'장애예술인 창작지원금제도 시행방안 연구를 위한 설문조사'는 〈2022년 장애예술인 수첩〉에 등록된 550명의 장애예술인 중심으로 실시하여 341명이 설문에 응해 62%의 높은 참가율을 보였기에 설문 분석 결과에 대한 신뢰도를 담보할 수 있다.

'장애예술인 창작지원금제도' 시행 기본 틀을 묻는 10개 문항의 설문 내용을 분석한 결과는 다음과 같다.

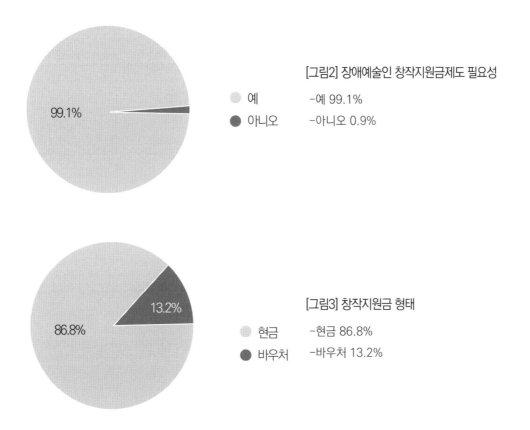

[그림2] 장애예술인 창작지원금제도 필요성

- 예 　　　 −예 99.1%
- 아니오 　 −아니오 0.9%

[그림3] 창작지원금 형태

- 현금 　 −현금 86.8%
- 바우처 −바우처 13.2%

장애예술인들은 '장애예술인 창작지원금제도'에 대해 99.1%가 필요하다고 응답하였다. 그리고 창작지원금 형태는 현금이 86.8%로 자유롭게 사용할 수 있는 현금을 선호하고 있었지만 바우처 형식도 13.2%로 나타난 것은 장애인복지서비스가 보통 바우처로 이루어지기 때문인 것으로 보인다.

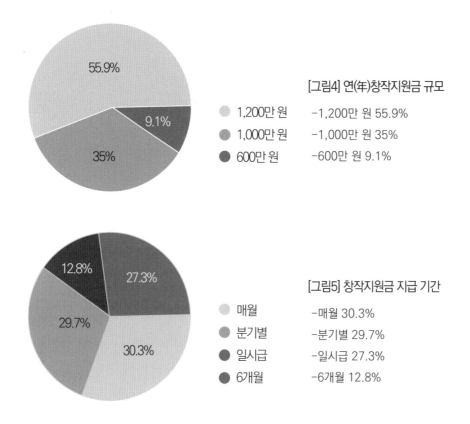

[그림4] 연(年)창작지원금 규모

- ○ 1,200만 원 —1,200만 원 55.9%
- ○ 1,000만 원 —1,000만 원 35%
- ● 600만 원 —600만 원 9.1%

[그림5] 창작지원금 지급 기간

- ○ 매월 —매월 30.3%
- ○ 분기별 —분기별 29.7%
- ● 일시급 —일시급 27.3%
- ● 6개월 —6개월 12.8%

　장애예술인들은 창작지원금의 규모에 대해 월 100만 원에 해당하는 연 1,200만 원 55.9%, 1,000만 원 35%, 600만 원 9.1% 순으로 응답하였다. 월 100만 원은 장애인선수들이 연금 형식으로 매월 지급받는 경기력 성과포상금의 상한선이고, 600만 원은 예술인 창작준비금 300만 원을 장애예술인은 상·하반기 2회 지원받았으면 좋겠다는 의견이 많기에 정한 액수인데 역시 장애예술인들은 1,000만 원 이상의 창작지원금을 90.9%가 원하고 있었다.

　창작지원금 지급 기간은 매월 30.3%, 분기별 29.7%, 일시급 27.3%, 6개월 단위의 상·하반기 12.8%로 고른 분포를 보인 것은 지급 액수가 중요하지 지급 기간은 중요하지 않다는 생각을 갖고 있는 듯하다.

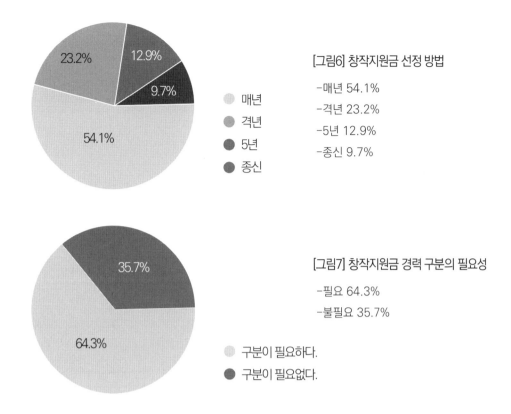

[그림6] 창작지원금 선정 방법

-매년 54.1%

-격년 23.2%

-5년 12.9%

-종신 9.7%

매년
격년
5년
종신

[그림7] 창작지원금 경력 구분의 필요성

-필요 64.3%

-불필요 35.7%

구분이 필요하다.
구분이 필요없다.

장애예술인들은 창작지원금 선정 방법에 대해 응모를 통해 매년 선정하는 방식이 54.1%로 가장 많았고, 그다음이 격년 23.2%, 5년 12.9%, 대한민국예술원처럼 한 번 선정되면 평생 지원받는 종신이 9.7%로 나타났다. 장애예술인들은 매년 또는 격년으로 응모를 통해 선정하는 방식을 77.3%가 원하고 있어서 공정하게 '장애예술인 창작지원금 제도'가 운영되기를 바라고 있다.

또한 창작지원금 선정에 있어 경력에 따른 구분 즉 신진, 중진, 원로 예술인 등의 구분이 필요하다는 응답이 64.3%로 경력 인정에 대한 욕구가 강하다는 것을 알 수 있다.

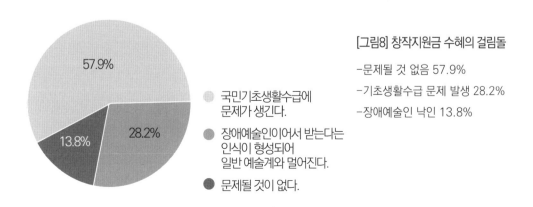

[그림8] 창작지원금 수혜의 걸림돌

-문제될 것 없음 57.9%

-기초생활수급 문제 발생 28.2%

-장애예술인 낙인 13.8%

국민기초생활수급에 문제가 생긴다.

장애예술인이어서 받는다는 인식이 형성되어 일반 예술계와 멀어진다.

문제될 것이 없다.

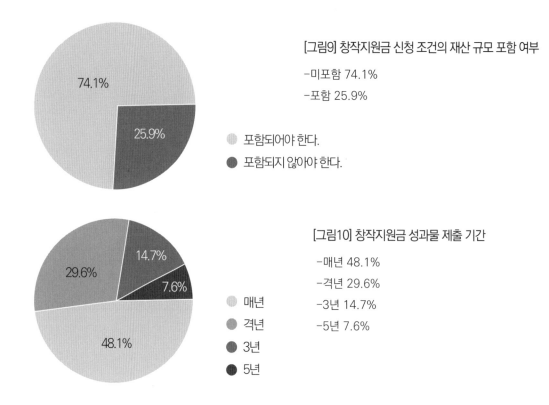

[그림9] 창작지원금 신청 조건의 재산 규모 포함 여부
- 미포함 74.1%
- 포함 25.9%

⬤ 포함되어야 한다.
⬤ 포함되지 않아야 한다.

[그림10] 창작지원금 성과물 제출 기간
- 매년 48.1%
- 격년 29.6%
- 3년 14.7%
- 5년 7.6%

⬤ 매년
⬤ 격년
⬤ 3년
⬤ 5년

　　장애예술인들은 창작지원금 수혜에 걸림돌이 없을 것이라는 응답이 57.9%였고, 기초생활수급에 문제가 발생할 것이라는 것은 28.2%여서 장애인문화예술단체에서 '장애예술인 창작지원금제도'가 실시되어도 장애예술인 가운데 기초생활수급자들이 많아서 실효성이 없다는 '장애예술인 창작지원금제도'의 무용론을 제기하기도 하였지만 이번 조사를 통해 큰 걸림돌이 되지 않는다는 의견이 걸림돌이 된다는 응답의 2배가 넘었다.

　　그리고 장애예술인이어서 지원금을 받는다는 인식이 형성되어 일반 예술계와 멀어진다는 응답은 13.8%로 장애·비장애 예술인이라는 구분을 거부하는 이상론이 많지 않다는 사실이 드러났다.

　　창작지원금 신청 조건에 재산 규모가 포함되지 않아야 한다는 답변이 74.1%, 포함되어야 한다는 응답이 25.9%로 나타나 기초수급에 문제가 발생할 것이라는 응답 28.2%와 같은 맥락으로 해석이 된다.

　　창작지원금에 대한 성과물 제출 기간은 매년 48.1%, 격년 29.6%, 3년 14.7%, 5년 7.6%이다. 매년과 격년을 합하여 77.7%로 창작지원금 선정 방법으로 매년 또는 격년으로 응모를 통해 선정하는 방식을 원하는 77.3%와 같은 패턴을 보이고 있다.

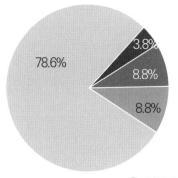

[그림11] 창작지원금으로 인한 변화

–안정적 창작활동 78.6%

–예술 수월성 높아짐 8.8%

–장애예술인 사회적 지위 상승 8.8%

–작가로서 자존감 상승 3.8%

⬤ 안정적으로 창작활동을 할 수 있다.

⬤ 예술의 수월성이 높아진다.

⬤ 장애예술인에 대한 사회적 지위가 높아진다.

⬤ 작가로서의 자존감이 상승한다.

　'장애예술인 창작지원금제도'로 인한 변화에 대해 안정적으로 창작활동을 할 수 있다가 78.6%로 가장 높았고, 예술의 수월성이 높아진다와 장애예술인에 대한 사회적 지위가 높아진다는 응답이 똑같은 8.8%였으며, 작가로서의 자존감이 상승한다는 응답은 3.8%였다.

　장애예술인들이 '장애예술인 창작지원금제도'를 주장하는 것은 다름 아닌 안정적으로 창작활동을 할 수 있기 때문이라는 것이 분명해졌다.

　설문 참여자의 개인적 특성은 남성이 59.3%로 여성 40.7%보다 다소 많았고, 연령대는 5·60대가 41.6%, 3·40대가 30.4%, 20대가 20.9%, 70대 이상이 7.1%로 50대 이상이 48.7%로 장애예술인의 연령층이 높은 편이었으며, 장애 유형은 지체장애 42.4%, 발달장애 20.5%, 뇌병변장애 14.2%, 시각장애 11.6%, 청각장애 7.7%, 기타 장애 3.5%로 2022년 등록장애인 현황에서 지체장애인이 가장 많은 것(44.3%)과 '2021년 장애예술인실태조사'에서 발달장애인이 47.3%로 가장 많았던 장애 유형 분포의 특징을 모두 보여 주고 있다.

　그리고 장애 정도는 심한 정도 92.0%, 심하지 않은 정도 8.0%로 장애예술인은 장애 정도가 심한 사람들이 압도적으로 많기 때문에 장애예술인들에게는 특별한 지원제도가 필요하다는 주장이 설득력이 있다.

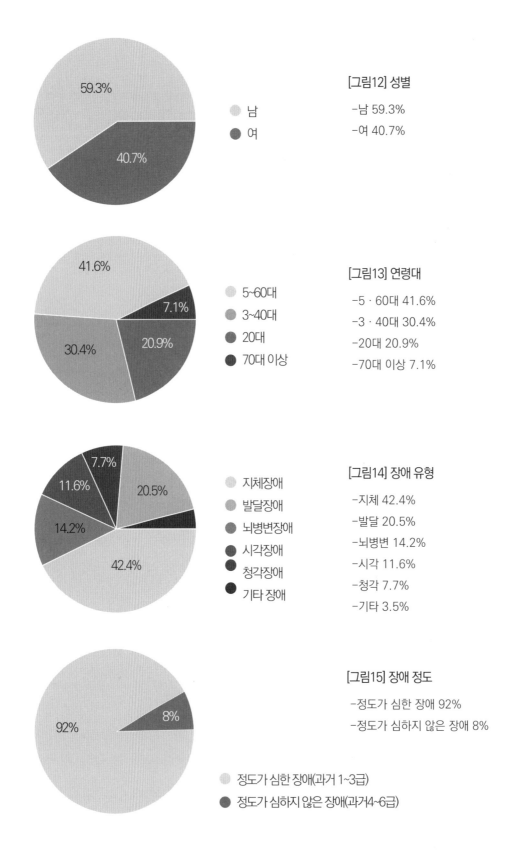

[그림12] 성별

- 남 59.3%
- 여 40.7%

[그림13] 연령대

- 5 · 60대 41.6%
- 3 · 40대 30.4%
- 20대 20.9%
- 70대 이상 7.1%

[그림14] 장애 유형

- 지체 42.4%
- 발달 20.5%
- 뇌병변 14.2%
- 시각 11.6%
- 청각 7.7%
- 기타 3.5%

[그림15] 장애 정도

- 정도가 심한 장애 92%
- 정도가 심하지 않은 장애 8%

제4장

장애예술인 창작지원금제도

Disabled Arts Research Center

제1절 장애예술인 창작지원금제도 모형

1. 장애예술인 창작지원금 사업

장애예술인 창작지원금 사업은 「장애예술인지원법」 제9조(장애예술인의 창작활동 지원) '국가와 지방자치단체는 장애예술인의 창작활동을 지원하기 위한 시책을 마련하여야 한다.'를 근거로 한다.

2022년 9월에 발표된 '제1차 장애예술인 문화예술활동 지원 기본계획'(2022~2026)은 5개 추진전략, 10대 정책과제로 구성되어 있는데 첫 번째 추진전략이 장애예술인 창작지원 강화로 그 내용은 아래와 같다.

---

1. 장애예술인 창작지원 강화
1-1. 장애예술인 창작지원 다각화
-장애예술인 창작지원 확대
• 공모사업 지원 확대 • 지원방식 다양화 • 창작준비금 등 지원 강화
-장애예술인 창작활동 공간 확충
• 문화기반시설 조성 • 맞춤형 레지던시
-지역 및 청년 장애예술인 활동 활성화
• 지역 장애인예술 지원사업 확대 • 지역거점 대표단체 육성 • 청년 장애예술인 지원강화

1-2. 장애예술인 예술시장 진출 및 창작물 유통 활성화
-장애예술인 예술시장 진출 지원
• 마케팅 컨설팅 지원 • 예술시장 진출 지원 • 대표 공연 지원
-장애예술인의 창작물 유통 지원
• 미술품 대여사업 지원 • 공공구매 확대
-온라인 유통 플랫폼 구축 및 홍보 콘텐츠 제작 지원
• 유통지원 플랫폼 구축 • 장애예술 홍보 콘텐츠 강화
-장애예술인 국제교류 활성화
• 국제 대표 축제 참여 지원[16] • 문화예술 교류 프로그램 확대

• **대상**: 「장애예술인지원법」상의 장애예술인을 대상으로 하며, 〈장애예술인 예술활동

---

16) 영국 Unlimited, SICK, 프랑스 IMAGO, Clin d'Oeil, 독일 No Limits, DADA 등

증명제도 시행방안 연구〉(장애인예술연구소, 2023)에서 연구한 '장애예술인 예술활동 증명제도'
가 시행되면 대상 문제는 간단히 해결이 될 것이다.

* 〈2022장애인예술수첩〉(2022, 한국장애예술인협회)에 수록된 550명의 장애예술인을 분석한 결과 장
애예술인은 비장애인예술 분야에서 데뷔한 경우가 47%로 절반에 가깝고, 대학졸업 학력이 48%, 대학원
이상의 학력도 20%이다. 예술 전공이 46%로 나타나 전문성을 갖추고 있는 장애예술인이 많다는 것을
알 수 있다.

• **규모**: 시범 사업을 거쳐 단계적으로 실시

〈표7〉 장애예술인 창작지원 단계별 지원 규모

1단계	시범사업으로 50명
2단계	100명
3~5단계	200~300명
이후	장애예술인 증가에 따라 조정

• **지원금**: 1인 100만 원 수준

• **예산**: 100만 원×300명=30억 원

〈표8〉 장애예술인 창작지원 단계별 지원 예산 규모

1단계	시범사업 50명	50만 원×12개월×50명	3억
2단계	100명	80만 원×12개월×100명	9억 6천
3단계~5단계	200~300명	100만 원×12개월×200명 100만 원×12개월×300명	24~30억

• **선정 방법**
  –장애예술인창작지원금 선정위원회를 장애예술인 당사자와 예술계와 장애인복지계
전문가로 구성하여 장르별, 장애 유형별, 성별, 연령별로 구조화한 선정방식을 정하여
운영한다.

선정 대상이 될 수 있는 장애예술인으로 〈2022장애인예술수첩〉에 수록된 장애예술인의 장르별, 성별, 장애 유형별 특징을 소개하면 다음과 같다.

〈표9〉 장애예술인의 장르별 분포

문학	미술	음악	대중예술	합계
115(21%)	164(30%)	151(27%)	120(22%)	550

〈표10〉 장애예술인 장애 유형별 분포

장르	지체	뇌병변	시각	청각	지적	자폐*	중복	기타
문학	70(61%)	27(24%)	12	4	×	×	2	
미술	87(53%)	12	9	24(15%)	10	20	2	
음악	18	2	33(22%)	3	28	63(42%)	4	
대중예술	54(45%)	17	25(21%)	13	3	2	4	안면장애1 신장장애1
합계	229(41%)	58(11%)	79(14%)	44(8%)	41(7%)	85(16%)	12(2%)	2(0%)

* 미술의 발달장애 표기 2명, 음악의 발달장애 표기 12명은 자폐로 분류

〈표11〉 장애예술인 성별 분포

장르	남	여	합계
문학	81(70%)	34(30%)	115(21%)
미술	98(60%)	66(40%)	164(30%)
음악	113(75%)	38(25%)	151(27%)
대중예술	78(65%)	42(35%)	120(22%)
합계	370(67%)	180(33%)	550(100%)

• 기대 효과

첫째, 장애예술인의 안정적인 창작활동으로 예술의 질과 양이 향상된다.

둘째, 장애예술인의 수월성 확보로 장애인예술이 다양성의 예술로 인정을 받게 된다.

셋째, 장애예술인이 주류 예술계에 편입되어 경쟁력을 확보한다.

2. 장애예술인 창작지원금 공모 방식

본 연구를 위해 실시한 '장애예술인 창작지원금제도 시행 방안 마련을 위한 설문조사'에서 장애예술인들은 '장애예술인 창작지원금제도'에 대해 99.1%가 필요하다고 응답하여 장애예술인 모두 원하고 있는 사업이라는 것은 의심할 여지가 없다. 실시 방법에 대한 내용을 정리하면 창작지원금 형태는 현금이 86.8%로 가장 많았으며, 창작지원금의 규모는 1,000만 원 이상의 창작지원금을 90.9%가 원하고 있었고, 창작지원금 지급 기간은 매월, 분기별, 상·하반기, 일시급이 고른 분포를 보여 큰 의미를 두지 않았다.

창작지원금 선정방법에 대해 한 번 선정이 되면 끝까지 지원받는 종신제는 9.7%였고, 나머지 90.3%는 매년 54.1%, 격년 23.2%, 5년 12.9%라고 응답하였기에 장애예술인 창작지원금제도는 기간별 공모 방식이 합리적이라는 생각이 보편적인 듯하다.

창작지원금 선정에 경력에 따른 구분 즉 신진, 중진, 원로 예술인 등의 구분이 필요하다는 응답이 64.3%로 경력 인정에 대한 욕구가 있었고, 창작지원금 신청 조건에 재산 규모가 포함되지 않아야 한다는 답변이 74.1%나 되었다.

창작지원금에 대한 성과물 제출 기간은 매년과 격년을 합하여 77.7%였는데 이것은 창작지원금 선정 방법으로 매년 또는 격년으로 응모를 통해 선정하는 방식을 원하는 77.3%와 같은 패턴을 보였다. 이 조사결과를 바탕으로 하여 장애예술인의 창작활동 활성화를 위해 '장애예술인 창작지원금'을 지급하기 위한 사업 방안의 개요를 제안하면 다음과 같다.

1) 사업 안내
- **사업대상**: 「장애예술인지원법」상의 장애예술인

  * 국내 거주 내국인에 한함 (외국인·재외국민 참여 불가)
  * 소득인정액이 당해 연도 기준 중위소득 120% 이내라는 조건은 폐지

- **사업구분**: 신진장애예술인, 중진장애예술인, 원로장애예술인
  - 신진은 예술활동을 시작한 지 3년 이하의 장애예술인
  - 중진은 예술활동을 시작한 지 3년 이상의 장애예술인
  - 원로는 예술활동을 시작한 지 10년 이상의 장애예술인

설문조사와 〈2022년장애예술인수첩〉을 통해 분석해 보면 신진장애예술인은 21%, 중진장애예술인은 52%, 원로장애예술인은 27%로 예상된다.

- **사업기간**: 2년 단위

- **창작지원금 규모**: 신진장애예술인 월 50만 원, 중진장애예술인 월 80만 원, 원로장애예술인 월 100만 원

- **신청방법**: (재)한국장애인문화예술원(약칭 장문원) 홈페이지에 구축한 '장애예술인창작지원금시스템'에 온라인 신청
 -신청 시 동의사항: 개인정보, 부정수급ㆍ오지급, 필수사항, 초상권
 -온라인 신청이 어려운 경우: 온라인 신청 대행 요청 가능(온라인 신청 대행 요청서, 동의서 제출 필수)

- **유의사항**
 -창작지원금사업은 「공공재정 부정청구 금지 및 부정이익 환수 등에 관한 법률」 적용 대상으로 부정이익 및 오지급 금액은 전액 환수하며(악의적인 부정청구 행위는 최대 5배까지 제재부가금 부과), 위반 사안에 따라 문화체육관광부 후원 공모사업에 제한 조치 적용
 -성희롱ㆍ성폭력 관련 사회적으로 물의를 일으킨 자는 참여 제한

2) 심의 및 결과
- **심의방법**: 신청서류 행정검토 후 전문심의를 통해 지원 적격 여부 심의
- **결과 발표**: 장문원 홈페이지 공지 후 '장애예술인창작지원금시스템'을 통해 개별 확인
- **선정자 의무사항**
 -선정자는 장문원 제시 기간에 본인 명의 통장 사본 및 신분증 사본 제출
 -창작지원금을 교부받은 모든 장애예술인은 2년 단위 예술활동(계획)보고서를 필수 제출하고 재단의 승인을 받아야 함
 -활동보고서 미제출 시 사업 선정 차수별 미제출자는 다음 차수에 참여 제한

제2절 실행 방안

1. 예술후원제도

1) 후원의 정의

후원이라는 용어는 광범위한 의미로 사용되고 있다. 일반적으로 후원의 개념은 일방적인 지원을 지칭한다는 점에서 협찬과 대비된다. 후원의 전형적인 방법의 하나인 기부는 직접 기부하는 방법 외에 신뢰할 수 있는 단체를 통해서 하는 방법 또는 재단을 만들어서 기부하는 방식이 있다. 또한 기부자가 많은 금액을 기부할 수 없어도 그 뜻을 펼치기 위해 후원회를 조직하여 기부하는 방법도 있다.

후원자는 '대가 없이 공공의 이익을 위하여 자신의 경제적 가치를 자발적으로 제공하는 사람'이라는 사전적 의미를 가진다. 하지만 역사적으로 미술관 후원자는 미술관의 실제 수요자로서 작품과 미술관에 영향을 미치는 사람을 지칭한다. 이는 후원자의 어원과 미술관의 역사적 흐름에 따라 후원자의 역할을 살펴보면 알 수 있다. 후원자의 어원은 크게 두 가지가 있다.

하나는 로마의 정치가였던 메세나스(Maecenas)가 당시 순수한 마음으로 시인을 후원한 것에서 기인한 메세나(Mecenat)이다. 또한 이탈리아 부자 메디치(Médicis) 가문에서 유래했다는 설도 있다. 피렌체에서 은행업으로 돈을 번 메디치 가문은 15~18세기에 걸쳐 예술인을 후원하면서 르네상스를 이끌었기 때문이다. 그래서 예술과 학문의 후원자를 메세나로 지칭하는데, 오늘날에는 주로 기업의 후원활동을 총칭하는 것으로 사용된다. 다른 하나는 고대 로마에서 평민을 보호하는 귀족 혹은 해방된 노예의 옛 주인을 지칭하는 패트로노(Patrono)에서 파생된 패트론(Patron)이다. 패트론은 특정 목적을 가지고 주문을 통해 후원하는 것이라는 의미를 내포하고 있다. 이와 같은 후원자의 두 가지 어원은 역사적으로 서로 다른 역할을 했던 후원자의 역할을 나타내기도 한다.

예술 후원은 중세 시대와 르네상스 시대의 유럽에서 시작되었다. 황실과 귀족제도가 존재하는 사회에서는 예술을 후원하는 것이 흔한 현상이었다. 귀족 지배층은 예술을 후원함으로서 사회적 지위를 높이고 정치적 목표를 달성하며 명예를 얻는데 활용하였고,

이를 통해 예술 분야 특히 미술의 번성에 크게 기여하였다.

소비가치이론을 연구한 자그디시 셰스(Jagdish N. Sheth)와 브루스 뉴만(Bruce I. Newman), 바바라 그로스(Barbara L. Gross)는 소비를 하는 데에 영향을 주는 다섯 가지 가치를 정리하였다.
  ① **기능적 가치**(Functional Value): 실용적 특성을 충족할 때 나타나는 가치
  ② **사회적 가치**(Social Value): 타인과의 교류로부터 발생하는 가치
  ③ **상황적 가치**(Conditional Value): 비용을 지불하는 상황과 관련하여 나타나는 가치
  ④ **감성적 가치**(Emotional Value): 소비로 나타나는 감정의 가치
  ⑤ **탐색적 가치**(Epistemic Value): 지식욕을 충족시킬 때 지각되는 가치

개인이 문화예술단체에 후원하는 이유는 자신이 좋아하는 문화예술 분야에 대한 후원으로 인한 개인적인 만족감뿐만이 아니라 그 단체 활동으로 인해 혜택을 받을 수 있기 때문이다. 후원이 이루어지는 과정을 보면 후원자와 단체 간에 어느 정도 대인관계나 신뢰관계가 형성되어 있는 경우가 많다.

2) 후원의 종류

미국의 경우 개인 후원자의 박애주의적 동기에 의한 후원이 주를 이루다가 1965년 이후 정부의 공공기금 지원과 기업의 후원이 활발하게 이루어지기 시작하였다.

영국 역시 1979년 마가렛 대처(Margaret H. Thatcher) 정부 이후 예술위원회(Arts Council)를 통한 정부기금 지원과 기업후원이 활발해졌다. 국내 미술관도 정부의 공공기금, 정부 지원사업, 기업의 후원 등 다양한 방식의 재원조성(Fundraising)으로 운영되고 있다.

1990년대 이후 부를 축적한 후원자에게 나타나는 특성은 새로운 박애주의(New Philanthropy)이다. 새로운 박애주의는 20세기 후반부터 발생한 움직임으로 이용 자금의 증가, 후원 방식의 확대로 후원의 전반적인 변화를 일컫는다.

후원을 패트론(Patron), 기증(Donor), 공헌자(Contributor), 스폰서(Sponsor), 자선(Benefactor) 등을 사용하고, 동료(Associate)나 동반자(Fellow)와 같은 단어를 사용한다. 후원자나 동반자, 옹호자를 의미하는 다양한 종류의 단어를 사용하며 멤버십 회원에게 소속감과 보다 높은 책임감, 자부심을 부여하고 있다.

심리적 행복감을 주는 관계 형성, 자아실현과 개인의 성장을 위한 기능적인 혜택을 제공받는 것이 주요한 후원 결심 요인이 된다. 따라서 상호간 동등한 관계를 추구하고, 소속감과 세제혜택 등 각종 혜택을 제공하는 형태로 운영하는 멤버십이 오늘날 개인 후원자의 특성과 후원 요인을 충족시켜 줄 수 있다.

3) 기금 조성

재원조성(Fundraising)이란 어떤 단체가 그 단체의 설립 목적 달성을 위해 수행하는 예술 프로그램 운영에 필요한 재원을 마련해 나가는 모든 활동을 지칭한다. 윌리엄 비네스(William Byrnes, 2003)에 의하면 재원조성은 예술기관의 일상적인 활동에 해당하며 이것은 모금(Fundraising), 개발(Development), 발전(Advancement), 집단 관계(Community Relation) 등 여러 용어로 불리운다고 하였다.

기금은 반대급부가 없는 기부, 반대급부를 약속한 스폰서링, 손실과 이익을 같이하는 투자, 개인별 기부를 촉진하는 후원회로 구분이 된다. 정기회원제는 유료와 무료 회원제가 있는데 무료회원에게는 정보를 제공하고, 유료회원은 부담없는 가격으로 폭넓은 혜택을 제공하여 소속감을 갖게 한다. 보통 유료정기회원제(membership)로 소액 회비로 운영을 한다.

거액 기부(patron program)는 부유층 회원이 많은 금액의 후원금을 내는 자선 행위로 후원자(major donor)는 사업 운영에 대해 핵심적인 역할을 한다. 영구 기부(endowment gift)는 특정한 목적을 위해서만 사용하도록 사업을 지정해 준다. 이것을 계획 기부 또는 예약 기부(planned/defferred gift)라고 하는 것은 기부자가 죽기 전에 유산의 형식으로 혹은 계획을 세워 시간을 두고 기부할 것을 약속하기 때문이다.

예를 들어 호주 현대미술관 후원자인 잭슨 부부(Edward and Cynthia Jackson)는 보석 디자이너였던 딸 벨린다 잭슨(Belinda Jackson)이 29세에 세상을 떠나자 꿈을 채 펼쳐보지도 못하고 생을 마감한 딸을 기리기 위해 1993년 벨라 그룹(The Bella Group)을 설립하여 젊은 예술인들을 위한 특별한 후원활동을 시작했다. 35세 이하의 젊은 예술인을 발굴하는 프로그램인 프리마베라(Primavera)를 매년 진행하고 있으며 잭슨 벨라 룸(Jackson Bella Room)이라는 특별한 전시장을 만들어서 창의적인 프로그램과 다양한 소장품을 소개하고 있다.

1992년 미국 갤럽에서 조사한 개인 후원 동기는 덜 가진 사람을 도와야 한다는 의무감(55%)이 가장 많았고 지원 행위로 인한 개인적인 만족감(43%)이 그 뒤를 이었는데 예술의 경우는 예술에 관심이 있는 사람들이 자신의 관심 분야가 발전하기를 바라는 마음에서 예술인 행사나 문화예술단체에 기부를 한다는 특징이 있다.

4) 미술 후원

마리 글린(Mary A. Glynn)과 바타차랴(C. B. Bhattacharya), 하야그리바 라오(Hayagreeva Rao)는 개인이 미술관의 멤버가 되고자 하는 요인 중 문화적 구분(Cultural Distinction)을 획득하는 것에 주목하여 명예(prestige)를 중요시 하는 회원이 미술관을 더 많이 방문하고, 각종 이벤트에 더 적극적으로 참여하는 경향이 있다는 것을 발견하였다.

오늘날 미술관의 개인 후원자 개발에 있어서 공공의 이익이나 개인의 명예를 위하여 대가 없는 후원을 지향하는 전통적인 박애주의에만 호소하는 자세로는 부족하기에 직접적인 관여와 투명성, 책무성을 요구하는 새로운 박애주의 성향을 보이는데, 미간 리들(Miegan, E. Riddle)은 오늘날 미술관 후원자에게 나타나는 새로운 박애주의적 특징을 네 가지로 정리하였다.

첫째, 오늘날 미술관 개인 후원자들은 직접 참여하고 관여하기를 원한다. 이러한 변화로 몇몇 미술관들은 후원을 안내하는 용어를 후원(Support)에서 관여(Get Involved)로 바꾸고 후원 금액에 따라 미술관 관계자와 만날 수 있는 기회를 제공한다.

둘째, 후원금으로 미술관에 변화가 생기고 측정 가능한 결과가 나타나길 원한다. 자신의 후원금이 미술관 운영에 긍정적인 영향을 미쳤다는 것을 가시적으로 확인하기를 원하는 경향이 강하다.

셋째, 미술관의 책임감과 투명성을 원한다. 미술관이 후원금에 대한 책임감으로 긍정적 변화를 추구하고, 이러한 변화에 대하여 투명성을 가지고 후원자와 공유해 주기를 원한다.

오늘날 후원자는 후원금의 효율적인 운영에 대한 의심을 가진다. 후원을 하고 끝나는 것이 아니라 운용 방법에 대해 궁금해하고, 주시하는 경향이 있다. 그래서 미술관 후원자는 미술관에 직접 참여 및 관여하고자 하는 의지를 가지고, 후원금 사용으로 나타나는 성과를 공유하는 등 미술관의 투명성을 중요시 한다고 볼 수 있다.

미술관 멤버십은 각 개인이 미술관에 자신이 내고자 하는 비용을 지불하면 그에 상응하는 가치를 제공받는 개념으로, 미술관은 멤버십 회원을 위한 서비스 및 혜택을 제공하며 멤버십 회원과의 관계를 유지한다. 따라서 멤버십 운영에 있어서 멤버십 회원과 미술관은 상호간 동등한 관계를 추구한다.

슬레이터(Slater)는 미술관 멤버십이 개인 후원자 개발과 연결될 수 있는 가능성을 세 가지로 유형화하였다.

① **사회적 클럽**(Social Club): 이 클럽의 구성원들은 조직에 관여하는 기회를 소중히 여기는 열성회원으로 볼 수 있으며, 사회적 관계 형성을 주요 목적으로 한다. 이들에게는 금전적 가치를 제공하는 가시적 혜택보다는 비가시적인 혜택을 통해 충족될 수 있는 내재적인 동기가 멤버십 가입 및 유지에 중요하게 작용한다. 회원 대상 재원조성은 회원들이 가치 있다고 여기는 특정 프로젝트에 대한 후원이나 사교적인 행사를 통한 모금 형태로 나타난다.

② **공공 멤버십 체계**(Public Members' Scheme): 다양한 범주의 멤버십 회원 모집을 통한 수입 창출이 목적이기 때문에 가시적인 혜택과 비가시적인 혜택을 균형 있게 제공하며, 다른 조직과 네트워킹을 통하여 혜택을 제공한다. 재원 조성은 주요 프로젝트를 지속적으로 운영하는 방식으로 이루어진다.

③ **통합 멤버십 체계**(Integrated Membership Scheme): 사회적 클럽과 공공 멤버십 체계 두 가지를 모두 활용하여 운영한다.

국내의 경우 2000년대 초반부터 문화예술기관에서 미래 관객을 개발해야 한다는 인식이 증대되면서 CRM(Customer Relationship Management)을 도입한 것을 바탕으로 멤버십 운영이 시작되었다. 마케팅적 관점 위주로 고객 서비스 및 편의 개발, 관계를 맺은 핵심 관람객을 유지하는 것을 목표로 하였다. 그러나 공연장이나 문화예술회관, 박물관 등 다른 문화예술기관에 비해 미술관의 멤버십 운영은 매우 미미한 상황이다.

멤버십 운영이 단기적으로 당장 수입이 나지 않는다고 해도, 중장기적인 관점에서 반드시 필요하다. 비교적 거액을 후원하는 기부금은 우연성에 기대야 하는 경우가 많으나 멤버십 운영으로 발생하는 수입은 안정적으로 유지되면서 증가한다. 물론 멤버십 운영의 특성상 지속적인 개선이 필요하지만 프로그램 운영이 안정화되면 수익이 증가될 수 있는 가능성이 있다.

멤버십 운영을 위하여 후원과 관련된 각종 조직, 미디어를 통해 미술관 후원의 필요성과 사회적 가치 및 효과를 적극적으로 홍보할 수 있어야 한다. 또한 무료입장이나 할인과 같은 금전적 환산이 가능한 서비스 외에 소그룹 운영이나 내부 직원과 교류할 수 있는 기회와 새로운 프로그램 개발이 필요하다.

5) 공연예술 후원

공연예술의 지원이 필요한 이유는 가치재이기 때문이다. 소비자가 구입하기를 희망하는 양보다 더 많이 제공하는 것이 바람직하다고 사회가 결정한 재화를 가치재(merit goods)라고 한다. 공연예술은 우리 사회에 꼭 필요한 가치 있는 중요한 것이지만 시장의 논리에 맡겨 두면 그 가치에 걸맞는 소비가 이루어지지 않기 때문에 정부가 이를 지원하여 소비를 증가시켜야 한다.

또한 공연예술은 경험재이기 때문에 지원이 필요하다. 공연예술은 직접 입장권을 구입하여 작품을 보기 전에는 작품이 어떤지 전혀 알 수가 없다. 그래서 관객은 신인 공연이나 첫 작품에 대한 구매를 꺼려한다. 그래서 아직 알려지지 않은 예술인이나 작품을 지원하여 공연이 무대에 올려지도록 해야 한다.

그리고 공연예술은 사치재이기 때문에 지원이 필요하다. 소득이 낮을 때는 거의 소비되지 않는다. 예술은 의식주와 같이 필수적인 소비라기보다는 일정한 소득과 여건이 갖추어지는 순간 왕성하게 소비가 일어나고 반대로 소득이 줄면 소득의 감소폭보다 더 큰 폭으로 예술 소비가 감소한다.

연극이나 오페라 등의 공연예술에는 협찬이란 형식의 후원이 있는데 협찬은 스폰서십(Sponsorship)으로 개인이나 단체가 또 다른 개인이나 단체의 활동 및 사업을 금전적으로 후원하는 것을 말한다. 고대 로마 법률 용어인 스폰서스(sponsus)에서 유래하는데 이것은 타인의 채무를 변상하는 책임을 진 사람을 뜻한다.

그래서 스폰서(Sponsor)는 공연이 흥행했을 경우 많은 이익을 가져가지만 실패를 하면 손실을 보게 되는 시스템이다.

6) 기부금 공제

기부금에도 연말정산 세액공제 혜택이 제공된다. 기부금 세액공제는 공제율이 높다. 정부에서는 기부문화 확산을 위해 기부금에 대해서 연말정산 시 20%나 35%의 세액공제 혜택을 주고 있다(중소벤처정책자금센터, 2023).

• 세액공제와 기부금 세액공제

세액공제란 이미 산출된 세액에서 특정 항목을 차감해 주는 제도로 연금과 보험료, 의료비, 교육비, 기부금, 월세, 자녀 세액공제 등이 있다. 총 급여액에서 소득공제를 뺀 금액이 세금 액수를 결정하는 과세표준이 된다. 기부금 세액공제란 기업과 개인의 기부활동을 촉진하기 위해 1년 동안 기부한 금액에 대해 연말정산 시 세액공제를 해 주는 제도이다.

세법에 따라 공제 가능한 기부금은 법정기부금, 지정기부금, 우리사주조합기부금, 정치자금기부금 등이 있으며, 기부금 유형에 따라 적용되는 세액공제 대상금액 한도와 세액공제율이 달라진다. 기부받은 기관에 따라 구분되는 기부금 유형은 다음과 같다.

① **정치자금기부금**: 정당, 정치인 후원회, 선거관리위원회에 기부한 기부금으로 세액공제 대상금액 한도는 근로자의 근로소득금액과 같다.

근로소득금액 = 근로자의 총급여액 – 근로소득공제액

후원금, 기탁금, 당비 같은 정치자금 기부금은 10만 원 이하 금액에 대해서는 전액, 10만 원 초과는 15%, 3,000만 원을 초과하는 금액에는 25%까지 세액공제 된다.

② **법정기부금**: 국가 또는 지방자치단체에 기부한 금품, 국방헌금과 위문금품, 특별재난구역에 기부한 구호품, 사립학교에 시설비나 교육비 등으로 기부한 금품으로 세액공제 대상금액 한도는 근로소득금액이다.

③ **우리사주조합기부금**: 우리사주조합원이 아닌 사람이 우리사주조합에 기부한 기부금

④ **지정기부금**: 사회복지법인, 학술연구단체, 종교단체 등의 지정기부금단체에 기부한 기부금으로 학교장이 추천하는 개인에게 장학금 용도로 지출한 기부금이나 공익신탁 기부금

법정기부금, 우리사주조합기부금, 지정기부금에는 1,000만 원 이하 금액은 20%,

1,000만 원 초과 금액은 35%라는 세액공제율이 공통적으로 적용되며, 정해진 세액공제 대상금액 한도를 초과한 금액에 대해서는 해당연도에 세액공제를 받을 수 없으나 10년 동안 이월공제를 받을 수 있다.

문화예술 분야는 「문화예술후원 활성화에 관한 법률」에 기업의 문화예술 후원활동에 대한 조세감면(세액공제)을 위해 동법 제9조(조세의 감면)에 '국가와 지방자치단체는 문화예술후원을 장려하기 위하여 문화예술후원자 및 문화예술후원매개단체에 대하여 「조세특례제한법」, 「지방세특례제한법」, 그 밖의 조세 관계 법률에서 정하는 바에 따라 국세 및 지방세를 감면할 수 있다.'고 규정하고 있다.

• 기부금의 종류

기부금이란 특수관계가 없는 자에게 법인의 사업과 직접 관계없이 무상으로 지출하는 재산적 증여액으로 법정기부금, 특례기부금, 지정기부금이 있는데 「문화예술진흥법」에 의한 문화예술진흥기금으로 출연하는 금액은 특례기부금이다.

지정기부금은 비영리법인에 대하여 당해(當該) 비영리법인의 고유목적사업비로 지출하는 기부금으로 「사회복지법」에 의한 사회복지법인, 정부로부터 허가·인가를 받은 문화·예술단체가 받을 수 있다.

법정기부금과 지정기부금 외의 기부금은 모두 비지정기부금에 속한다.

2. 관련 법률 개정

나경원 의원이 대표 발의한 (2016.11.28.) 「장애예술인지원에 관한 법률」에는 장애예술인의 예술활동 발전을 위한 사업이나 활동을 지원하기 위하여 장애예술인지원기금을 설치한다는 제13조(장애예술인지원기금의 설치 등)와 장애예술인지원기금을 조성하는 재원을 제시한 제14조(기금의 조성) 그리고 장애예술인지원기금을 어디에 사용해야 한다는 제15조(기금의 용도)가 규정되어 있었으나 국회법안심사소위원회 병합 심의(2019. 11. 20.)에서 삭제되었다. 삭제된 조항은 앞으로 반드시 추가되어야 하기에 내용을 공개한다.

제13조(장애예술인지원기금의 설치 등) ① 장애예술인의 예술활동과 장애인문화예술사업을 지원하기 위하

여 장애예술인지원기금을 설치한다.

② 장애예술인지원기금은 위원회가 운용·관리하되, 독립된 회계로 따로 관리하여야 한다.

③ 장애예술인지원기금의 운용·관리에 필요한 사항은 대통령령으로 정한다.

제14조(기금의 조성) ① 장애예술인지원기금은 다음 각 호의 재원으로 조성한다.

1. 정부의 출연금

2. 개인 또는 법인의 기부금품

3. 장애예술인지원기금의 운용으로 생기는 수익금

4. 「문화예술진흥법」 제9조제2항에 따른 건축주의 출연금

5. 그 밖에 대통령령으로 정하는 수입금

② 위원회는 제1항제2호에 따른 기부금품을 받을 수 있다. 이 경우 대통령령으로 정하는 바에 따라 수령한 기부금품의 가액 및 품명을 문화체육부 장관에게 보고하여야 한다.

③ 제1항제2호에 따라 기부하는 자는 특정 단체 또는 개인에 대한 지원 등 그 대상과 용도를 정하여 기부할 수 있다.

제15조(기금의 용도) 장애예술인지원기금은 다음 각 호의 사업 및 활동의 지원에 사용한다.

1. 장애예술인의 창작활동 확대 지원

2. 장애예술인의 복지 증진 지원

3. 장애예술인의 직업안정·고용창출 및 직업전환 지원

4. 장애예술인의 실태의 조사·연구

5. 원로 장애예술인의 생활안정 지원

6. 불공정 행위로 인한 장애예술인의 피해 상담 및 법률적 지원

7. 장애예술인의 권익보호를 위한 교육 프로그램 운영

8. 장애인문화예술사업 지원

9. 장애인예술 홍보 및 인식개선 사업 지원

10. 그 밖에 장애예술인의 복지 증진을 위하여 대통령령으로 정하는 사업

2019년 당시 국회에서 기금 관련 조항을 삭제한 이유는 다음과 같다.

장애예술인의 창작에 필요한 장려금이나 생활보조금의 지급은 「예술인복지법」의 창작준비금*, 「장애인복지법」의 장애수당** 등과 중복될 우려가 있고 다른 소외계층과의 형평성에도 문제가 발생할 수 있으므로 신중하게 접근할 필요가 있음

* 창작준비금: 예술활동 증명을 받은 예술인에 한해 1인당 3백만 원 지급,
 '18년 창작준비금 수령자는 4,500명이며, 이중 장애예술인은 115명(2.55%)임

** 장애수당(장애인복지법): 경증장애인에게 지급, 최대 4만 원 지급
 장애인연금(장애인연금법): 중증장애인에게 지급, 기초급여 최대 30만 원, 부가급여 2~8만 원 지급

이에 대해 장애예술인들은 '장애수당, 장애인연금제도는 생활이 어려운 장애인을 지원하는 사회보장제도이고, 창작지원금제도는 장애예술인의 창작활동을 지원하는 예술활동비 성격이다. 「예술인복지법」의 창작준비금제도는 장애예술인의 진입 자체가 어려워서 배제되고 있는 상황이기에 별도의 지원이 반드시 필요하다.'고 주장하였다.

3. 기금 마련 방안

1) 기금 유형
• 공공기금
－문화예술진흥기금: 「문화예술진흥법」 제18조(문화예술진흥기금의 용도) 문화예술진흥기금은 다음 각 호의 사업 및 활동의 지원에 사용한다.
8. 장애인 등 소외계층의 문화예술 창작과 보급

⇒ 위 규정에 따라 장애예술인창작지원금 사업을 실시한다.

「예술인복지법」 제10조(재단의 사업) ① 재단은 다음 각 호의 사업을 수행한다.
3의2. 「장애예술인 문화예술활동 지원에 관한 법률」 제3조제1호에 따른 장애예술인의 문화예술활동을 위한 복지 지원

⇒ 재단의 사업예산에 장애예술인창작지원금 사업을 편성한다.

－복권기금: 법정배분사업에 지방자치단체사업, 사회복지공동모금회, 문화체육관광부

사업이 있는데 문화체육관광부 사업으로 장애예술인 창작지원금 사업을 추가한다.

-국민체육진흥기금: 「국민체육진흥법」제22조(기금의 사용 등) ②의 3. 다음 각 목에 해당하는 체육·문화예술 사업의 지원

마. 문화예술 취약 분야 육성을 위한 사업

바. 그 밖에 체육·문화예술 진흥을 위하여 특별히 지원이 필요한 사업

⇒ 위 사업으로 장애예술인창작지원금 사업을 실시한다.

* 1988년 서울장애인올림픽 잉여금으로 (재)한국장애인복지체육회(현 한국장애인개발원)을 설립하였듯이 2018년 평창동계패럴림픽 잉여금으로 장애예술인지원기금 마련 등 국가 행사의 잉여금을 활용하는 방안

• 민간기금

-삼성, 현대, LG, SK, 포스코 등에서 우리나라 최초의 법률인 「장애예술인 지원에 관한 법률」을 효율적으로 운영하기 위해 장애예술인지원기금의 기본금을 모금한다.

-(사)한국메세나협회에 249개 기업이 회원으로 가입하여 1개 기업이 1개 예술단체를 파트너십으로 지원하고 있고, 예술인 개인을 후원하고 있는 메세나운동을 펼치고 있는데, 이것을 장애예술인 지원으로 확대한다.

-개인 후원은 구체적인 용도나 조건 없이 장애인문화예술의 진흥을 위해 개인이 후원하는 일반기부금으로 기부자에게는 후원을 통한 사회공헌과 함께 세제혜택을 제공한다.

2) 기금 운영

• 특징

-장애예술인지원기금은 새로운 예산 편성이 아니라 이미 편성된 공공기금 예산에서 갹출하는 방식

-기업 역시 별도의 자본 출연이 아닌 사회복지공동모금회 기부금의 일부를 장애예술인지원기금으로 지정기부

-장애인문화예술 발전을 시민이 유도한다는 새로운 후원문화의 가치 창출

• 운영 기관: 기금 운영은 법정 법인화를 앞두고 있는 (재)한국장애인문화예술원에서 맡는다.

제3절 장애인예술과 장애예술의 함의[17]

1. 용어가 중요한 이유

헌법 제34조에 "모든 국민은 인간다운 생활을 할 권리를 가진다."고 하여 장애인이 인간다운 생활을 할 권리가 있음을 분명히 하였고, 「한국장애인인권헌장」에 "장애인은 문화, 예술, 체육 및 여가 활동에 참여할 권리를 가진다."고 하여 인간다운 생활에 예술과 체육이 포함되었듯이 장애인체육과 장애인예술은 중요한 장애인 활동 분야이다.

어떤 분야에서 일정한 개념을 나타내기 위해 사용하는 단어를 용어라고 하는데 모든 이론은 그 내용을 규정하기 위한 용어의 정의부터 시작된다.

그런데 장애인문제는 학문적 기반이 확립되기 전에 장애인 당사자들이 자신의 문제를 해결하기 위해 사회를 향해 욕구를 분출시키면서 그 해결방안을 찾았기 때문에 용어에 대한 명확한 규정을 마련하지 못하고 현상적인 관찰용어들이 먼저 형성되었다.

그래서 장애인을 지칭하는 용어도 불구자, 앉은뱅이, 맹인, 소경, 외눈박이, 벙어리, 농아, 바보, 천치 등으로 다양하게 불리워지다가 장애자, 장애우 등의 용어가 등장하였다. 그러다 1989년 「장애인복지법」으로 장애인을 정식 용어로 사용하게 되었다. 장애인이라는 용어 하나도 이렇게 오랜 시간을 거치면서 변화하며 이론용어로 자리를 잡았지만 장애인과 관련된 인식이나 행위 즉 '장애차별', '장애인식', '장애운동' 등은 현재 '장애인차별', '장애인인식', '장애인운동'과 함께 혼재되어 사용하고 있다. 그 이유는 이론용어를 만든 전문가가 사회과학 연구자이고, 인문과학 분야에서는 장애인 관련 연구가 거의 이루어지지 않고 있기 때문이다. 장애인 당사자들 역시 '장애차별'이든 '장애인차별'이든 내용 면에서는 큰 차이가 없기에 용어에 대한 문제점에 큰 관심을 두고 있지 않다.

그런데 '장애예술'과 '장애인예술' 사이에는 그동안 장애인계에서 경험하지 못한 큰 차이가 존재한다. '장애인예술'은 장애예술인이 예술활동에 주체가 되는 것이고, '장애예술'은 장애를 주제로 장애·비장애인이 함께 협업을 하는 예술활동으로 정의를 하고 있기 때문이다.

---

17) 방귀희(2023)가 『장애인복지연구』 제14권1호에 발표한 논문 '장애예술과 장애인예술 용어 속 함의 탐색'을 편집하여 수록한 것임

이렇듯 장애인이 하는 예술은 그 용어에 논란이 있지만, 장애인이 하는 체육은 자연스럽게 '장애인체육'이라는 용어를 사용하고 있다. 최승권(2015)은 "독특한 요구에 따라 체육 프로그램의 규칙 방법, 도구를 변형하는 개념을 포함한 특수체육이 1970년대 이후부터 '장애인체육'이라는 용어로 사용되었다."고 하였다. 장애가 있는 사람들의 체육활동을 의미하는 보편적 용어로 '장애인체육'이 이론용어가 된 것이다.

왜 장애인이 하는 예술은 '장애인체육'처럼 '장애인예술'로 용어 정의가 이루어지지 않고 논쟁이 벌어지고 있는지 알아보기 위해 본고에서는 '장애예술'과 '장애인예술' 용어 속에 담긴 함의를 탐색해 보고, '장애예술'과 '장애인예술'에 대한 논쟁의 바람직한 방향을 모색해 보고자 한다.

이를 위해 전지영(2021)의 학술논문 '장애예술과 장애인예술의 개념 논의'를 중심으로 텍스트를 분석하는 문헌연구 방법을 택하였으며, 정의 관련 철학 논문과 용어 주제 문헌정보학 논문의 이론을 차용하여 '장애예술'과 '장애인예술'의 용어를 재해석하였다.

어쩌면 장애예술인들은 자신의 활동을 지칭하는 용어가 '장애예술'이건 '장애인예술'이건 그다지 중요하지 않을 수 있다. 대다수의 장애예술인들은 장애라는 수식어가 빠진 그냥 예술로 자신의 활동이 인정받기를 원하고 있다.

하지만 현실은 그렇게 이상적이지 못하다. 예술이야말로 장애가 전혀 장애가 되지 않는다고 말하지만 장애 때문에 예술활동에 차별을 받고, 장애·비장애인의 예술활동 협업에서 장애예술인이 타자화되면서 오히려 예술활동에서 소외되거나 기회를 빼앗기게 되는 현실적 문제가 나타나고 있다. 이 문제를 해결하기 위해서는 장애인의 예술활동에 대한 용어 정의부터 규정되어야 한다. 그래서 '장애예술'과 '장애인예술' 두 개 용어를 비교 분석하여 장애예술인의 예술활동 발전에 필요한 이론용어를 제안하고자 한다.

1) 장애와 장애인

장애인이란 정의가 분명해진 것은 1989년 「심신장애자복지법」이 「장애인복지법」으로 개정되면서부터이다. 「심신장애자복지법」은 유엔이 정한 1981년 '세계장애인의 해'를 기점으로 제정된 우리나라 최초의 장애인복지 관련 법률이다.

이 법률이 제정되기 전에는 지체장애인을 불구자, 지체부자유부자, 앉은뱅이 등으로, 시각장애인은 맹인, 소경, 외눈박이 등으로, 청각장애인은 벙어리, 농아 등으로 지적장애인은 바보, 천치 등으로 다양하게 불리워지다가 법률에서 장애자라고 칭하자 차츰 그런 단어들이 사라지기 시작하였다.

하지만 장애인 당사자들은 장애자라는 단어에 반대 의견을 표출하였다. 하대의 의미가 있는 '놈 자(者)' 대신에 인권의 차원에서 '사람 인(人)'자를 사용해야 한다는 장애인계의 요구에 따라 드디어 1989년 「장애인복지법」으로 새로운 용어가 탄생한 것이다.

그 사이에 한 인권단체에서 '장애우'라는 단어를 가열차게 주장하여 한동안 '장애우'가 장애인보다 더 많이 사용되기도 하였다. 그런데 '장애우'의 우는 '벗 우(友)'로 장애인을 나이에 상관없이 친구로 생각하게 하는 반인권적 단어라는 논란이 일어나서 이제는 '장애우'라는 단어를 사용하지 않는다.

이렇게 장애인이란 용어가 자리를 잡으면서 장애인복지도 보편적인 용어가 되었고, 장애인복지와 관련된 장애인시설, 장애인복지관, 장애인편의시설, 장애인차량 등 장애인이 이용하는 모든 것에는 장애인을 앞에 붙인 합성용어로 만들어졌다.

한편 1990년대 민주화 운동이 무르익으면서 장애인의 사회운동이 시작되었는데 그때 부르짖은 구호는 장애차별, 장애해방, 장애운동, 장애인권, 장애인식 등이다. 장애차별은 장애인이 당하는 차별을 의미하고, 이런 차별에서 벗어나는 것이 장애해방이며, 이 목적을 달성하기 위해 펼치는 사회 캠페인이 장애운동인데 이때는 장애인이 아닌 장애라는 단어를 쓴 것은 사람에게 덧씌워진 장애로 인한 사회현상을 뜻하는 것이기 때문이다(방귀희, 2019).

오혜경 · 김정애(2000)는 "장애차별은 개인적, 문화적, 사회적 차원에서 발생하며, 여러 차원의 복합적인 상호작용을 통해 장애인에 대한 억압이 실제적으로 현상화된다."고 하였고, 박옥순(2002)은 "경제, 사회, 문화적 권리 영역과 시민, 정치적 권리 영역에서 장애차별이 발생하고 있다."고 하여 장애인이 받고 있는 차별의 범주를 인권 차원에서 규정하였다. 이러한 장애차별을 금지시키기 위해 2007년에 제정된 법이 「장애인차별금지법」이다. 차별을 받는 사람이 장애인이기 때문에 법률에서는 장애인차별이라고 한 것이다.

김상호(1994: 유동철, 2017)는 "장애운동이란 장애인의 열악한 삶을 개선하려는 모든 활동을 말하며, 장애해방을 그 목적으로 한다."고 하여 장애운동, 장애해방이라는 용어를 사용하였다. 장애인권은 1998년에 국회에서 채택한 '장애인 인권 헌장' 이후는 장애인 인권으로 공식화되었지만 장애우권익문제연구소가 발간한 〈언론인을 위한 장애인권 길라잡이〉(2005)나 시각장애변호사 김예원 소장이 운영하는 장애인권법센터(2017년 개소)는 장애인권이라고 하였듯이 아직도 장애인권이란 용어를 많이 사용한다.

그러나 유동철(2017)은 "인권은 인간의 존엄성으로 천부적인 권리로 규정"하고, 장애인에게 부여된 권리를 '장애인 인권'으로 표기하였다. 따라서 장애인 인권 확보를 위한 당사자의 저항운동 역시 '장애인 운동'으로 표기하였다.

장애인에 대한 인식을 논할 경우도 장애인식이라고 하고, 장애인을 받아들이는 수용 정도를 뜻할 때 장애인지 감수성이라고 한다. 보건복지부 산하 기관인 한국장애인개발원에서 실시하는 '장애인식개선교육'은 장애인식으로 표시하고 있으며, 노동부 산하기관인 한국장애인고용공단에서 실시하는 '직장 내 장애인식개선교육'도 역시 장애인식으로 표기한다. 이 교육은 2018년부터 법정 4대 의무교육인 개인정보 보호 교육, 직장 내 성희롱 예방교육, 산업안전보건교육, 직장 내 장애인식개선교육에 포함되어 장애인식이란 용어가 확산되고 있다. 국가인권위원회(2019)에서 수행한 연구 '장애 인식개선 교육 모니터링 및 운영교재 개발연구 – 국가 및 지방자치단체를 중심으로'에서도 장애인식으로 쓰면서 장애와 인식을 띄어쓰기하여 장애인식에 대한 고민의 흔적이 보인다.

장애차별의 정도를 판단하는 기준이 되는 장애인지 감수성을 줄여서 장애감수성이라고 하는데 그동안 장애감수성은 인권감수성(human rights sensitivity)에 가깝지만 젠더문제를 다룰 때 사용하는 성인지 감수성과 비슷한 정서적 상태이다(Moon et al., 2002; 방귀희·권선진, 2019). 일반적으로 감수성(sensitivity)은 '특정 상황에 대하여 얼마나 느끼는가' 하는 것이기에, 장애감수성은 '장애 또는 장애인을 얼마나 잘 이해하고 받아들이는가'로 조작적 정의를 하여 장애인계 현장에서는 비장애인들이 갖고 있는 장애인에 대한 인식 수준을 말할 때 장애인지 감수성(방귀희 외, 2019)이라고 하기 때문에 이 또한 장애인 인지감수성이 맞다.

이렇듯 장애인과 관련된 용어에서 이론용어와 장애인계[18] 현장에서 사용하는 관찰용어가 서로 다르게 사용되고 있다는 것을 알 수 있다.

2) 예술의 본질
(1) 예술이란
예술을 뜻하는 영어 Art라는 말이 생겨난 시기는 18세기에 들어서서 프랑스의 미학자 바뙤(A. C. Batteux)가 순수예술(Fine Arts) 개념을 수립한 후부터이다. 그전까지 예술은 테크네(Techne) 즉 기술로 명명했다.

---

18) 장애인복지나 인권 현장에서는 '장애계'라고 하지만 이 단어에서 계(界)는 사람들의 집단을 의미하기 때문에 본고에서는 '장애인계'로 표기한다.

플라톤(Platon)은 그의 저서 「향연: Symposium」에서 미(美)의 본질은 사랑(愛)이라고 했고, 사랑은 그리움과 그리움이 합쳐진 것이라고 했다. 그러나 플라톤은 미의 이념을 다른 모든 이념들보다 항상 우위에 놓았다. 따라서 철학적 미학이 가능하도록 결정적인 영향을 준 것은 역시 플라톤의 형이상학 세계관이다.

그리고 하이데거의 예술론은 존재론에 기초하고 있다. 따라서 그의 예술론은 존재론적 예술론이다. "예술이 무엇인가 하는 것에 대한 성찰은 전적으로 존재에 대한 물음에서만 규정된다."고 하였다(김채수, 2014).

예술인의 특별한 재능과 그 재능이 구현된 작품을 예술의 핵심이라고 보기에 예술인은 작품의 근원이고, 작품은 예술인의 근원으로 인식하여 예술인 자체가 예술이다. 예술인은 '스스로를 나타내는 것'으로서의 존재이며, 그것을 타인들에게 '드러내는 것', '보게 하는 것', '전달하는 것'이 예술 행위라고 해석할 수 있다.

아서 단토(Arthur Danto)를 비롯한 현대 미학자들은 예술을 은유로 본다. 현대의 예술 Art는 미를 만들어 내려는 활동 즉, '감정의 의사소통(감성적 느낌)'이라는 것이다. 예술인이 자신이 경험했던 감정(느낌)을 내부에서 불러내어 동작(행위), 색깔, 소리, 언어로 다른 사람에게 전하여 다른 사람들도 감동을 통해 자신과 같은 감정(심미적 느낌)을 경험하도록 하는 활동이 예술활동이라고 정의하였다(Arthur Danto, 2008).

(2) 인간과 예술

예술은 미학을 바탕으로 한 창조행위이고, 미학은 이러한 요소들이 서로 유기적으로 연결되어진 불가분의 관계에서 출발한다. 예술론은 인간의 情(감성), 知(이성), 義(의지)의 기능을 美(욕망), 眞(logos), 善(행동)의 가치로 바꾸는 것을 지향한다. 美, 眞, 善은 모두 유기적으로 통합되어 있기에 어느 것 하나가 결여되어도 진정한 가치 실현이 불가능하다. 그러나 이것들은 시간, 공간과 결합하여 가치를 실현하게 되는데 이것이 창조물 즉 예술품이 된다. 그래서 예술은 미적 작품을 형성시키는 인간의 창조활동으로 예술은 인간을 인간답게 한다(김광명, 2010).

김광명(2010)은 "예술은 우리의 삶을 표현하되 현재 있는 그대로의 모습이 아니라 그것의 가능성을 형상화하고, 예술은 가능성을 현실의 시각으로 옮겨 삶을 밀도 있고 강렬하게 표현하는 것이어야 한다."고 하였듯이, 인간의 삶과 예술의 관계에 대한 깊은 사색이 필요하다.

3) 용어 정의

(1) 장애예술인 정의

'장애인예술'이나 '장애예술'이란 용어를 규정하려면 예술활동을 하는 장애인을 어떻게 명명하는지 그 용어부터 살펴봐야 하는데 이 용어가 분명하게 정의된 것은 2020년에 제정된 「장애예술인 문화예술활동지원에 관한 법률」 제3조(정의)이다.

---

1. 장애예술인이란 다음 각 목의 어느 하나에 해당하는 사람 중 「문화예술진흥법」 제2조 제1항 제1호에 따른 문화예술활동을 업(業)으로 하는 사람으로서 대통령령으로 정하는 사람을 말한다.
가. 「장애인복지법」 제32조에 따라 장애인등록증을 발급받은 사람
나. 「국가유공자 등 예우 및 지원에 관한 법률」 제6조의4에 따른 상이등급 중 어느 하나에 해당한다는 판정을 받은 사람

장애예술인도 법률에서 정의가 규정되기 전까지는 아래와 같이 '장애문화예술인'으로 문화를 넣거나 '장애인예술활동가'라고 하여 예술 경험이 있는 장애인을 지칭하기도 하였다.

• 장애문화예술인

- 「서울시 장애인 문화예술활동 지원 조례」 제2조에서 '장애문화예술인'이란 「장애인복지법」 제32조에 따라 등록한 장애인으로 문화예술활동을 하고 있는 사람을 말한다.

- (재)한국장애인복지진흥회(현, 한국장애인개발원)에서 2007년 실시한 〈장애문화예술인활동 실태조사〉에서도 '장애문화예술인'으로 지칭하였다.

• 장애인예술활동가

- 한국문화관광연구원에서 2018년 실시한 〈장애인문화예술활동실태조사 및 분석연구〉에서는 '장애인예술활동가'라는 용어가 나오는데, 이것은 "한 해 동안 기관/협회/단체에서 진행하는 문화예술 분야의 프로그램에서 창작활동을 하여 발표, 전시, 공연을 한 경험이 있는 사람"이라고 하였다.

물론 '장애예술인'이란 용어를 사용한 경우도 많다. 〈한국장애예술인총람〉(한국장애인문화진흥회, 2009), 〈한국장애예술인백서〉(대통령실 문화특보, 2011), 우리나라 최초의 장애인예술 주제 박

사학위 논문 "장애예술인의 창작활동 경험에 관한 연구"(방귀희, 2013), 〈장애인예술 장르별 지원방안 연구〉(한국문화관광연구원, 2014)[19], 〈장애인 문화예술활동 실태조사 및 분석연구〉(문화체육관광부, 2018)[20]에서 장애인으로 예술활동을 하는 사람을 '장애예술인'으로 명명하였다.

(2) 장애인예술 정의

1, 2차에 걸쳐 '장애평등계획'[21]을 세운 영국예술위원회에서 정의한 '장애인예술(Disability Arts)'은 "장애인에 의해서 생산된 예술작품이고, 예술에 장애인의 참여를 지원해 주는 과정"이라고 정의하고 있다(방귀희, 2013).

우리나라에서는 전문가들이 'Disability Arts'를 '장애예술'로 번역하여 사용하기 시작하였는데 장애예술인 당사자 중심으로 장애인의 예술활동을 '장애인예술'로 지칭해 오다가 박사학위 논문(방귀희, 2013)에서 예술활동을 하는 장애인을 '장애예술인'으로, 장애인의 예술활동을 '장애인예술'로 조작적 정의를 내렸다. 그리고 2014년 한국문화관광연구원에서 발표한 〈장애인예술 장르별 지원방안 연구〉에서도 장애인이 예술작품을 창작하거나 표현하는 행위를 '장애인예술'로 정의한 바 있다.

2. 이론용어 규정

1) 연구 방법

본 연구의 목적은 2020년에 제정된 「장애예술인지원법」에서 장애예술인과 함께 그들이 하는 예술활동을 무엇으로 지칭하여야 하는지 용어를 규정하지 않아서 혼용되고 있는 '장애예술'과 '장애인예술'이란 용어 속의 함의를 탐색하여 가장 합리적인 용어를 제

---

19) 장애예술인이란 예술창작을 생활의 본질적인 부분으로 생각하며, 고용되었거나 어떤 협회에 관여하고 있는지의 여부와 관계없이 예술인으로 인정받고 있거나 인정받을 수 있는 경우로서, 신체적·정신적 장애를 가지고 예술활동을 하고 있는 사람
20) 장애예술인은 아래 5가지 기준에 1가지 이상 해당하는 사람
　① 본인을 예술인이라고 생각함
　② 예술인경력정보시스템(예술활동증명)에 등록되어 있음
　③ (기관/협회/단체에서 진행하는 프로그램에 의한 활동을 제외하고) 지속적으로 예술활동을 하고 있음
　④ 장애인 및 예술 관련 협회, 전국적 단위의 행사에서 상을 수상한 경험이 있음
　⑤ 장애인 및 예술 관련 협회, 전국적 단위의 행사에 초청되어 예술활동을 한 적이 있음
21) 영국예술위원회에서 운영한 제1차 장애평등계획(2007~2010)의 목표는 '장애인예술 네트워크 구축'이고, 제2차 장애평등계획(2010~2013)의 목표는 '장애예술인 명성 높이기'로 장애평등계획은 장애예술인에게 평등한 예술활동 기회를 보장해 주는 것이 목적이다.

시하는 것이다.

「장애예술인지원법」이 제정되면서 장애예술인을 지원하는 정책이 마련되고 있기에 앞으로 장애예술인의 예술활동에 대한 연구는 계속 이루어질 것으로 보이는데 그동안의 연구는 예술전문가에 의해 이루어진 '장애예술'을 주장하는 것이었다. 그런데 장애예술인 당사자들은 '장애인예술'을 주장하며 장애예술인이 협업의 대상이 아닌 예술활동의 주체가 되어야 한다고 목소리를 높이고 있다.

이렇듯 논쟁이 되고 있는 '장애예술'과 '장애인예술'을 연구 대상으로 하여 장애예술인의 예술활동이 갖는 의미와 가치를 어떤 이론용어로 규정할 것인지 논의를 전개하고자 한다.

2018년에 발표된 박신의 · 심규선 · 주명진의 〈포용적 예술(inclusive arts)을 통한 장애예술의 개념적 연구〉를 시작으로 전지영(2021)의 〈장애예술과 장애인예술의 개념 논의〉 그리고 조문순 · 이동석(2022)의 〈장애예술의 개념과 사회적 모델 예술로서의 고슬링 작품 분석〉에서 '장애예술' 개념에 대한 연구가 이어지고 있다.

본 연구에서는 이들 논문을 중심으로 텍스트를 분석하는 문헌연구 방법을 택하였으며, 이를 해석하기 위해 정의 관련 철학 논문과 용어 주제 문헌정보학 논문의 이론을 차용하여 용어의 정의와 형태에 따른 해석 틀로 '장애예술'과 '장애인예술' 차이를 비교 분석하였다.

2) 연구 결과

(1) '장애예술'과 '장애인예술' 개념 비교

박근화(2019)는 '장애예술(Disability Arts)'이란 "장애에 대한 삶의 경험을 탐구하고 소통하는 작품을 나타내는 특정 장르이며, 장애인이 창조한 모든 작품을 말하는 것은 아니다."라고 정의하였다.

방귀희(2013)는 'Disability Arts'를 '장애인예술'로 이해하여 장애인의 주체적 예술활동을 강조하고 있는 반면, 박근화(2019)는 특정 장르로서의 '장애예술'을 부각시키고 있다.

전지영(2021)은 "'장애예술'이 장애에 대한 철학적 사유와 성찰적 시선을 담은 예술로서의 장르적 특징을 갖는다고 하며, 단순히 장애인의 활동을 강조하는 '장애인예술'은 '장애예술'과는 다르다."고 주장하고 있다. 이 연구에 따르면 '장애예술'의 특징은 창작 주체의 측면에서는 장애인이, 내용적 측면에서 '장애에 대한 사유'가 특정화되었다.

조문순 외(2022)는 ""장애예술'의 범주를 첫째, 장애인이 하는 예술로, 둘째, 손상에 대한 사회의 부적절한 반응 즉 억압, 배제, 차별을 드러내는 예술이어야 한다."고 보는 개념이다. 또 '장애를 가진 예술인(artists with a disability)'을 강조하기보다는 차별, 배제, 억압 등과 같은 장애화 과정을 드러내어야 함을 강조한다(Barnes and Mercer, 2001).

박신의 외(2018)는 ""장애예술'을 포용적 예술(Inclusive arts)[22]로 표현하고 있는데, 이 개념에서는 미학의 확장 요소로 '장애' 자체를 새로운 언어로 보고, 장애인과 비장애인의 공동작업은 쌍방향 교류를 목적"으로 한다고 하였다.

이렇게 '장애예술'을 포용적 예술이나 특정 장르(장르적 특징) 또는 장애화 과정이라고 설명하고 있는데 '장애예술'과 '장애인예술' 개념에 대해 좀 더 적극적으로 연구한 전지영(2021)은 '장애예술'과 '장애인예술' 정의 설명에 앞서 '장애예술인'에 대하여 이런 지적을 하였다.

> 장애예술인은 장애가 있는 예술인을 지칭하는데 여기서 예술인은 예술 분야에서 활동하는 직업적 전문가를 말하며, 예술을 전공하지 않은 일반 시민을 지칭하지 않는다. 장애예술인의 활동을 장애인예술이라고 규정한다면 이는 장애인임과 동시에 전문가로서 예술활동을 의미하게 되는데 예술전문가 활동과 비전문 예술활동[23]의 구분이 되어 있지 않아서 혼란이 야기되고 있다.
>
> 비장애 전문가 그룹에 의해 운영되는 주류 예술계의 하부 구조로서의 장애인예술 배치를 보여 주고 있고, 기성 예술가의 도움 혹은 교육을 통해 꾸려진 낮은 수준의 작품 활동을 장애인예술 활동으로 이해하는 편견이 있는데, 이는 장애예술인을 전문가와 향수자 사이의 정체성 모호로 생긴 것이고, 현실에서는 장애예술인의 예술활동을 장애극복이라는 프레임으로 설정하였다.

또한 전지영(2021)은 '장애인예술'에 대해 다음과 같은 우려를 하였다.

---

22) 포용적 예술은 영국에서 2006년 신노동당(New Labour)이 교육을 위한 '창의적 파트너십 정책'(Creative Partnerships Policy)을 제안한 것에서 비롯되었고, 창의적 파트너십은 사회적 배제와 연관된 문제를 드러내는 것을 목표로 한다(Hall and Thomson, 2007).
23) 장애인예술활동 지원에 전문가의 작품활동 지원만이 아니라 일반적인 장애예술인 접근권과 장애인 향수권 차원의 활동지원을 모두 포괄하고 있다.

억압에 대한 인식이 결여된 채 장애인예술을 사고하게 되면 열등한 타자의 표현 방식(표현 수준) 이상으로 나아가기 어렵다. 장애인이 하는 예술이라는 모호한 설정은 오히려 장애인에 대한 교묘한 억압 질서를 재생할 수 있다.

반면 '장애예술'은 장애극복이라는 차별 내재적 관점이 아니라 평등한 존재로서 사회적 해석을 지향하게 된다고 보았다. 그래서 전지영(2021)은 장애예술정책의 목적에 대한 의견도 내놓았다.

장애 관련 예술정책의 목적도 단순히 장애인의 예술활동 증진이 아니라 장애예술 자체의 존재 의미에 대한 확인과 성찰을 통한 사회적 진화로 설정해야 한다. 하나의 예술 영역으로 장애예술의 가치를 다양성, 창의성 차원에서 사고해야 하며, 기성예술 질서의 위계에 도전하는 차원으로 목적의식을 전향할 필요도 있다.

전지영(2021)은 "'장애예술'은 인간의 보편적 예술개념으로 이해해야 한다. 인간이 하는 모든 예술은 기본적으로 '장애예술'이다."고 하여 예술과 '장애예술'을 동일시하였다. 또한 "'장애예술'이 원론적으로 인간의 보편적 예술이라면 역시 원론적으로 '장애예술'이라는 용어는 다시금 폐기를 지향할 수밖에 없으며, 장애예술정책은 '장애예술'의 용어를 소멸시키는 것을 목적으로 하게 된다."고 하여 거시적인 담론을 제시하였지만 「장애예술인지원법」 제정으로 이제 시작되고 있는 장애예술인 지원정책의 필요성에 의문을 갖게 하는 성급한 제안이라고 본다.

위에서 언급된 '장애예술'과 '장애인예술'의 개념을 비교해 보면 '장애예술'이 공동 작업을 통한 雙方向 교류라면, 장애인이 주체가 되는 '장애인예술'은 雙方向 교류가 이루어지지 않는다는 의미이고, 장애에 대한 삶의 경험을 탐구하는 것이 '장애예술'이고, 장애인이 창조한 모든 작품이 '장애예술'을 뜻하는 것은 아니라고 하여 '장애인예술'을 진정한 예술로 평가하지 않는다는 해석이 가능하다. 또한 '장애예술'은 억압, 배제, 차별을 드러내는 예술이고, '장애인예술'은 장애인의 창작활동과 함께 문화 향유권을 가진 장애인의 참여를 포함시키는 포괄적 의미를 갖는다고 하였으며, 전지영(2021)은 '장애예술'을 예술과 동일시하여 '장애예술'이란 용어는 소멸이 목적이라고 하면서 '장애인예술'은 장애예술인에 대한 교묘한 억압 질서를 재생산하는 우려가 있다고 하였다.

이상 살펴본 '장애예술'과 '장애인예술'의 개념을 간단히 정리하면 〈표12〉와 같다.

〈표12〉 '장애예술'과 '장애인예술'의 개념 비교

	장애예술	장애인예술
박신의 외 (2018)	포용적 예술로 장애인과 비장애인의 공동 작업을 통한 쌍방향 교류	'장애인예술'에 대한 언급은 없지만 장애인이 주체가 되는 예술은 쌍방향 교류가 이루어지지 않는다는 인식 내재
박근화 (2019)	장애에 대한 삶의 경험을 탐구하고 소통하는 작품을 나타내는 특정 장르	'장애예술'은 장애인이 창조한 모든 작품을 뜻하지 않는다는 것으로 '장애인예술' 모두를 예술로 평가하지 않는다는 해석이 가능
전지영 (2021)	장애에 대한 철학적 사유와 성찰적 시선을 담은 예술로서의 장르적 특징을 갖고 있으며, 예술과 '장애예술' 동일시함	장애인이 하는 예술이라는 설정은 장애인에 대한 교묘한 억압 질서를 재생산할 우려
조문순 외 (2022)	장애인이 하는 예술로 손상에 대한 억압, 배제, 차별을 드러내는 예술	장애인이 창작활동을 하는 것과 문화 향유권을 가진 장애인의 참여로 확대

(2) 용어 정의에 따른 '장애예술'과 '장애인예술' 해석

용어를 정의할 때 구조적 학술용어사전, 용어의 네트워크 중심성, 용어의 구조적 공백(Structural Hole) 측면으로 분석하는데 첫째, 구조적 학술용어사전이란 용어 자체의 정의와 용어의 연관 관계에 대한 정의를 구조적으로 정의하는 프로세스를 통해 구축된 사전을 의미한다(권선영, 2013).

'장애인예술'은 장애인이란 사람을 지칭하는 명사와 예술이라는 분야를 지칭하는 명사가 합해진 합성명사로 사람인 장애인이 중심이지만, '장애예술'은 장애라는 현상을 의미하는 명사와 예술이 결합한 주제 중심의 용어로 '장애인예술'은 장애인이 주체가 되는 예술활동을 뜻하는 반면 '장애예술'은 장애를 주제로 하는 예술을 의미한다.

따라서 '장애예술'이 장애와 비장애 예술인이 함께 작업에 참여함을 의미하는 것이란 해석은 비약이다.

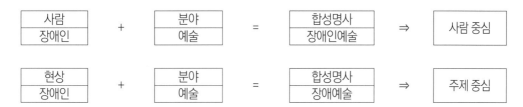

[그림16] 구조적 학술용어사전

둘째, 용어의 네트워크 중심성이란 용어와 용어 간의 관계를 연결해서 구성한 용어 네트워크상에서 용어가 네트워크의 중심에 위치하는 정도를 의미하는데 네트워크 중심성 측정을 할 때는 행위자가 대상이다. 용어의 네트워크 중심성이 높을수록 용어 네트워크상에서 다른 용어에 미치는 영향력이 높은 것으로 해석될 수 있다(권선영, 2013).

'장애인예술'은 장애인과 예술의 범주에서 행위자인 장애인의 영향력이 더 크고, '장애예술'은 주제인 장애가 예술에 포함되기에 예술이 더 영향력이 크다. 장애예술인 당사자들은 장애를 주제로 한 예술활동에서 하나의 역할로 참여하기보다는 장애예술인이 주도적으로 예술활동을 이끌어 가는 것을 원하고 있다.

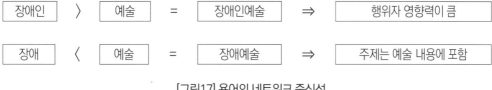

[그림17] 용어의 네트워크 중심성

셋째, 용어의 구조적 공백(Structural Hole)은 Burt(1992)의 이론으로 구조적 공백은 네트워크에서 서로 직접적으로 연결되지 않은 용어 사이에서 연결 고리 역할을 하는 위치를 의미한다.

'장애인예술'은 이미 장애인이 행위자이기 때문에 구조적 공백이 없다. 하지만 '장애예술'은 비장애예술인이 연결고리 역할을 해야 하기 때문에 구조적 공백이 존재한다. 이 경우 장애인에 대한 관심이 있고, 예술활동을 하는 사람을 찾아야 한다는 어려움이 있다.

[그림18] 용어의 구조적 공백성

(3) 용어의 형태에 따른 '장애예술'과 '장애인예술' 해석

김지영(1992: 권선영, 2013)은 "용어의 결합 현상은 언어에서 나타나는 보편적인 현상"이라고 하며, "합성명사의 의미 해석을 계층관계의 의미망, 동등관계의 의미망, 연관관계의 의미망"이 있다고 하였다. 또한 "합성명사에는 두 명사가 서로 대등한 관계로 나타나는 형태가 있고, 수식명사+기본명사 형태의 결합은 다양한 의미로 나타날 수 있다."고 하였다.

'장애인예술'은 명사끼리 결합된 합성명사로 장애인이라는 주체명사와 예술이라는 기본명사가 동등 관계의 의미망을 갖고 있다. 반면 '장애예술'은 수식명사와 기본명사가 결합된 합성명사로 연관관계 의미망으로 다양한 의미로 해석될 수 있다. 즉 장애가 예술을 수식하여 '장애예술'의 성격을 규정한다.

[그림19] 합성명사의 의미 해석

조개나(2012: 권선영, 2013)는 합성명사의 형태적, 의미적 특성을 "합성어의 기능은 주로 하위범주화기능, 명명기능, 지시기능 등이 활발하게 사용된다."고 하였는데 장애인의 상위 범주는 사람이다. 그리고 장애예술인의 상위 범주는 예술인이다. 그래서 명명기능과 지시기능으로 '장애인예술'을 설명할 수 있다. 그런데 장애는 상위 범주가 아니라 반대 개념인 비장애로 명명되기 때문에 '장애예술'은 비장애예술의 반대 개념으로 인식이 된다. 하여 '장애예술'이 장애를 주제로 장애·비장애예술인들이 함께한다는 의미라는 이론은 불완전하다.

[그림20] 합성어 하위범주화

강진식(1997: 권선영, 2013)은 "합성명사 구조는 이를 지배하는 어떤 일반적인 원리가 작용하고, 합성어의 직접성분 중에는 그 용어 형성에 핵심을 이루고 있는 중심어(head)가 있게 마련이며, 이러한 중심어는 상위범주와 관계가 있다."고 하였으며, "합성어의 구성성분은 우측에 있는 성분이 중심어가 되는 중심어 우측 규칙(righthandheadrule)이 작용한다."고 하였다.

'장애인예술'과 '장애예술'이란 합성명사에서 중심어는 우측 규칙에 따라 예술이다. 두 단어 모두 예술이 중요한 것이다.

[그림21] 합성명사 중심어 우측 규칙

용어의 형태적 분석을 통한 관계는 용어 간의 의미관계 형성을 위한 유용한 방법이지만, 이와 같은 방법만으로는 용어의 구조적 위치를 파악하거나 용어의 의미관계 확장에 적용하기에는 어려운 문제점이 있다. 이러한 문제점을 해결하기 위해 용어의 형태적 특성 이외에도 또 다른 핵심적인 이론인 용어의 네트워크 분석이 활용된다(장정우, 2012: 권선영, 2013).

사회 네트워크 분석에서는 연결 정도가 높은 사람이 정보의 핵심적인 역할을 하며 영향력이 있다고 여겨지는 것처럼 용어 네트워크에서도 연결 정도가 높은 용어가 존재하며 이는 다른 용어에 비해 영향력이 높다고 할 수 있다.

이론용어를 먼저 시작한 전문가의 사회 네트워크가 많아서 현재는 '장애예술'의 영향력이 더 크다. 하지만 장애예술인들의 활동이 활성화되면서 사회적 영향력이 확대된다면 '장애인예술'의 용어 네트워크 영향력이 '장애예술'보다 더 커질 수 있다.

[그림22] 용어 네트워크 영향력

3. 용어의 함의 분석

1) 장애예술인 정책 용어

'장애예술'과 '장애인예술'의 용어에 대한 논쟁이 벌어지는 것은 바람직한 현상이다. 왜 냐하면 비장애예술인들이 관심을 갖고 있기 때문이다. 이런 관심이 장애예술인들의 활 동에 도움이 되는 방향으로 용어가 정리되는 것은 지금 시점에서는 필요하다. 이러한 필 요성을 바탕으로 용어에 담긴 함의를 분석하면 다음과 같이 요약할 수 있다.

첫째, 장애인체육과 같은 맥락에서 이해해야 한다.

1988년 우리 사회에 장애인선수[24]들이 전면에 드러났다. 1988년은 서울에서 88서울 올림픽에 이어 88서울장애인올림픽이 개최되었기 때문이다. 장애인선수들은 그 용어 자체가 아주 자연스럽게 만들어졌고 장애인스포츠는 이미 국제기구에서 종목, 경기규정 등이 공식적으로 정해져 있어서 장애인선수들이 원하는 것은 아주 단순 명료했다. 장애 인체육의 전담 부서를 보건복지부에서 체육을 관장하는 문화체육관광부로 옮겨 달라는 것이었다.

장애인선수들은 장애인체육이 복지 차원에서 시행되는 것을 거부하며 시위를 하였다. 드디어 2007년 장애인체육이 문화체육관광부로 이관되었고, 「국민체육진흥법」에 대한 장애인체육회 설치 규정을 마련하여 장애인체육 전문 공공기관이 설립되었다. 2년 후인 2009년 이천장애인체육종합훈련원이 개원되어 훈련 공간도 확보되었다. 장애인선수들 이 가장 환영한 것은 일반선수들과 동일한 기준으로 체육 연금(경기력향상연구연금)을 받을 수 있게 된 것이다. 이 모든 변화는 장애인체육이 복지의 범주(boundary)에서 벗어났기 때문에 가능하였다. 이러한 장애인체육의 발전 과정을 '장애인예술'도 밟고 있다. 복지가 아닌 예술 분야에서 일반 예술인들과 같은 처우를 받고자 하는 것이다.

둘째, 현실과 이상 사이의 괴리를 인정해야 한다.

박혜신(2010)에 따르면 "같은 공연을 감상하였어도 예술인이 장애인임을 알 때 더 감동 을 받고 흥미롭게 본 것으로 나타났지만(73.3%), 예술인이 장애인임을 알 때 예술인의 전문

---

24) 체육활동을 하는 장애인을 '장애체육인'이라고 하지 않고, 선수라는 직업군의 용어를 사용하여 '장애인선수'로 명명한 것은 장애인선수들이 일반 선수들과 같은 처우를 받고자 하기 때문이다.

성 평가 항목의 평균은 매우 낮게 나타났다."는 것은 장애예술인을 전문예술인으로 인식하지 않기 때문이다.

이런 상황에서 '장애예술'을 일반 예술과 동일시하여 '장애예술'이란 단어가 소멸되어야 한다는 것은 언제 현실화될지 모르는 이상이다.

셋째, 예술의 본질로 접근해야 한다.

'장애인예술'은 장애인이 주체가 되는 예술이어서 한계가 있고, '장애예술'은 비장애인이 참여하여 협업이 가능하기 때문에 얼마든지 확장되어 발전할 수 있다는 전지영(2021)의 논리는 매우 부적절하다. 아서 단토(Arthur Danto)는 "어떤 실체의 본질을 잘못 짚는 것이 문제라고 하며, 본질을 판단하는 두 가지 방법 중 하나는 용어에 의해 지시되는 사물들의 부류를 가리키는 방식이고, 다른 하나는 그 용어가 함축하고 있는 속성들의 집합을 가리키는 방식이다."라고 하였는데, 이 이론에 '장애예술'과 '장애인예술'을 대입시켜 해설해 보면 다음과 같다.

본질을 판단하는 하나의 방법인 '용어에 의해 지시되는 사물의 부류'에 따르면 '장애예술'은 장애예술인과 비장애예술인을 가리키고 있고, '장애인예술'은 장애예술인을 가리키고 있다. 따라서 「장애예술인지원법」에서는 '장애인예술'이 본질에 더 충실한 개념이다.

다른 하나는 '용어가 함축하고 있는 속성의 집합'인데 '장애예술'은 손상에 대한 사회의 부적절한 반응 즉 억압, 배제, 차별을 드러내는 예술이어야 한다고 보고 있고, '장애인예술'은 장애예술인이 하는 창작 장르인 문학, 미술(응용미술 포함), 음악, 무용, 연극, 영화, 연예(演藝), 국악, 사진, 건축, 어문(語文), 출판 및 만화의 집합을 말한다.

「장애예술인지원법」제1조(목적) "이 법은 장애예술인의 문화예술활동 지원에 필요한 사항을 정하여 장애예술인의 문화예술활동을 촉진하고, 삶의 질 향상에 이바지하는 것을 목적으로 한다."로 규정하고 있듯이 「장애예술인지원법」은 장애예술인들이 하는 문화예술활동을 촉진하는 데 목적이 있다. 그렇다면 장애예술인이 하는 예술은 '장애예술'이 아니라 '장애인예술'이라는 것을 알 수 있다.

넷째, 장애예술인은 주체적 예술활동을 원한다.

전지영(2021)은 "'장애예술'은 포용적 예술과 맞닿아 있다."고 하였고, 박신의 외(2018)는 "'장애예술'의 범주에 포용적 예술을 넣으면서 그 해석을 미학의 확장 요소로 장애 자체를 새로운 언어로 보고, 장애인과 비장애인의 공동 작업은 쌍방향 교류를 목적으로 하기에 관계 형성을 주요 기반으로 서로에 대한 개방성과 소통의 과정을 중요시 한다."고 하였는데, 원래 예술은 창작자와 소비자의 관계 형성을 뜻한다. 예술은 관객이 없이는 성립되지 않는 속성이 있기 때문이다.

포용적 예술이 주류 예술계에서 장애예술인을 포함시키자는 개념으로 장애예술인에게 참여 기회를 확대시켜 주는 방식이라면 바람직하지만, 장애인과 비장애인이 공동예술 작업을 하여 관계를 형성하는 데는 몇 가지 문제점이 있다. 예술활동 경험을 가진 사람들이 전체 참여자의 30%를 장애예술인으로 포함시켜서 장애인예술단체 요건[25]을 갖춘 후 장애예술인을 위해 책정된 예산을 받고 있는데, 공모사업에 경험이 많은 전문가여서 제안서 쓰기에 경험이 부족한 장애예술인보다 사업계획서를 잘 작성하기에 선정 확률이 점점 높아지고 있기 때문이다.

전지영(2021)도 "현재 장애인문화예술 지원정책이나 사업에서 장애인이 예술적 주체로 생각되고 있지도 않고, 예술에 대한 장애인 주체의 자기 서사가 있지도 않으며, 오히려 기성 질서에 의해 조직되고 관리됨으로써 장애예술인은 타자화되고 있다."고 지적하였다.

전지영의 지적대로 열악한 상황 속에 있는 장애예술인은 포용적 예술이라는 넓은 세계에서 기성 예술에 의해 타자화되고 있고, 공모사업에 문화의 영역까지 포함시키다 보니 순수한 예술정책이 아닌 복지 성격을 갖게 되었다. 이러한 문제점을 해결하지 않고 장애·비장애가 모두 포함되는 '장애예술'로 카테고리부터 확장시켜 놓는 것은 현실적으로 바람직하지 않다.

장애예술인은 자신이 포용의 대상이 아니라 자신들이 주체가 되는 예술활동을 하면서 주류 예술계에 동등한 위치로 편입되기를 원한다.

2) 장애예술인을 위한 용어

전지영(2021)은 "'장애예술'은 억압과 차별을 넘어 평등한 인권을 지향하는 진보적 개념으로 다가온다. '장애예술'이 더 나은 세상을 지향하는 보편적 개념으로 이해된다면, 사

---

25) '2023년 장애예술 활성화 지원사업 지원신청 안내' 책자에 사업에 참여할 수 있는 장애예술단체의 정의는 장애예술의 가치 확산을 지향하고 이를 위한 사업을 기획·운영하는 단체이고, 장애예술단체 기준은 1. 장애인이 대표인 단체, 2. 단체 소속 구성원 중 장애인이 30% 이상인 단체, 3. 프로젝트 참여자(교육대상자, 관객 등 수혜자 불포함) 중 장애인이 30% 이상인 단체로 정하고 있다.

회적 차별과 불편을 개선하고 결여된 존재로서 인간 본성에 대한 성찰과 궤를 같이한다고 볼 수 있다."고 하면서 '장애예술'이 평등한 인권을 지향한다고 주장하였다.

'장애예술'은 더 나은 세상을 지향하는 개념이라고 한 것은 예술을 매개로 장애인 인권 더 나아가 결여된 존재로서 인간 본성에 대한 성숙으로 해석될 수는 있지만, 장애예술인은 당장 하고 싶은 예술활동이 장애로 인해 제약받지 않고 자유롭게 창작을 하면서 관객에게 제대로 인정받고 싶어한다. 그래서 예술에 장애가 있다고 해석되는 '장애예술'이 듣기 불편하기에 장애예술인이 주체가 되는 예술을 의미하는 '장애인예술'이란 용어를 사용한다.

그런데 '장애예술'이라고 하면서 '장애예술'의 한 장르인 '장애인연극'[26]은 왜 '장애연극'이라고 하지 않는 것일까? '장애인예술'로 정의하면 장르별로도 당연히 '장애인문학', '장애인미술', '장애인음악', '장애인무용', '장애인연극', '장애인영화' 등으로 자연스럽게 표기되지만 '장애예술'이라고 하면 '장애문학', '장애미술', '장애음악', '장애무용', '장애연극'으로 표기해야 하는데 이 얼마나 불편한 느낌인가.

혹자는 용어가 뭐 그리 중요하냐며 용어 논쟁이 소모적이라고 생각할 수도 있지만, 용어는 본질을 규정하는데 결정적인 역할을 하고, 사물이나 이론에 대한 정의가 분명해야 논란이 발생하지 않기 때문에 방치해 둘 수 없다.

장애예술인 당사자들의 의견을 듣지 않고 전문가 입장에서 '장애인예술'의 한계를 짓고, '장애예술'이 맞다고 주장하는 것은 장애예술인의 활동에 또 다른 허들(장애물)을 설치하는 것이라서 장애예술인 당사자이면서 장애인예술 이론가인 필자가 나서서 '장애인예술'과 '장애예술' 용어에 대한 해석을 남기는 것이니, 앞으로 이 논쟁에 대한 많은 논의가 활발히 펼쳐져서 장애예술인을 위한 합리적인 용어로 규정되기를 제안한다.

---

26) 경인일보(2022. 12. 11.)의 '권순대의 대사 한 줄로 읽는 연극'에서 이런 내용이 나온다. "연극 〈등장인물〉의 출연자들은 중증발달장애인이다. 출연자가 장애인이라서 공연을 더욱 특별하게 만들지는 않는다. 장애인연극이 전무한 것이 아니기 때문이다."

제5장

결론 및 제언

제1절 연구 결과 요약

본 연구를 위해 실시한 '장애예술인 창작지원금제도 시행 방안 마련을 위한 설문조사'에서 장애예술인들은 '장애예술인 창작지원금제도'에 대해 99.1%가 필요하다고 응답하여 장애예술인 모두 원하고 있는 사업이라는 것은 의심할 여지가 없다. 실시 방법에 대한 내용을 정리하면 창작지원금 형태는 현금이 86.8%로 가장 많았으며, 창작지원금의 규모는 1,000만 원 이상의 창작지원금을 90.9%가 원하고 있었고, 창작지원금 지급 기간은 매월, 분기별, 상·하반기, 일시급이 고른 분포를 보였다.

창작지원금 선정방법에 대해 한 번 선정이 되면 끝까지 지원받는 종신제는 9.7%였고, 나머지 90.3%는 매년(54.1%), 격년(23.2%), 5년(12.9%)이라고 응답하였기에 장애예술인 창작지원금제도는 기간별 공모 방식이 합리적이라는 생각이 보편적인 듯하다.

창작지원금 선정에 경력에 따른 신진, 중진, 원로 예술인 등의 구분이 필요하다는 응답이 64.3%로 경력 인정에 대한 욕구가 있었고, 창작지원금 신청 조건에 재산 규모가 포함되지 않아야 한다는 답변이 74.1%로 많았다.

창작지원금에 대한 성과물 제출 기간은 매년과 격년을 합하여 77.7%로 창작지원금 선정 방법으로 매년 또는 격년으로 응모를 통해 선정하는 방식을 원하는 77.3%와 같은 패턴을 보인 것을 바탕으로 하여 장애예술인의 창작활동 활성화를 위해 '장애예술인 창작지원금' 운영 방안을 제시하면 다음과 같다.

• **사업대상**: 「장애예술인지원법」상의 장애예술인

• **사업구분**: 신진장애예술인, 중진장애예술인, 원로장애예술인
 -신진은 예술활동을 시작한 지 3년 이하의 장애예술인
 -중진은 예술활동을 시작한 지 3년 이상의 장애예술인
 -원로는 예술활동을 시작한 지 10년 이상의 장애예술인

• **사업기간**: 2년 단위
• **사업규모**(예산): 300명(30억 원)

• **창작지원금 규모**: 신진장애예술인 월 50만 원, 중진장애예술인 월 80만 원, 원로장애예술인 월 100만 원

• **신청방법**: (재)한국장애인문화예술원 홈페이지에 구축한 장애예술인 창작지원금시스템에 온라인 신청

• **심의방법**: 신청서류 행정검토 후 전문심의를 통해 지원 적격 여부 심의

• **선정자 의무**: 창작지원금을 교부받은 모든 장애예술인은 2년 단위 예술활동(계획)보고서를 필수 제출하고 재단의 승인을 받아야 함(활동보고서 미제출 시 사업 선정 차수별 미제출자는 다음 차수에 참여 제한)

• **제한점**: 소득인정액이 당해 연도 기준 중위소득 120% 이내라는 조건은 폐지되고, 장애예술인의 기초생활수급 소득제한을 풀어 주어야 한다.

'장애예술인 창작지원금제도'로 인한 변화에 대해 안정적으로 창작활동을 할 수 있다가 78.6%로 가장 높았는데 이것으로 장애예술인들이 '장애예술인 창작지원금제도'를 주장하는 것은 다름 아닌 안정적으로 창작활동을 할 수 있기 때문이라는 것을 알 수 있다.

제2절 제언

영국의 장애인예술 활동과 장애인예술 정책은 우리가 참고할 부분이 있다. 정종은 · 최보연(2021)은 영국의 장애인예술 특징을 세 가지로 정리하였다.

첫째, 긍정적인 공진화(co-evolution)로 공공과 민간의 장애인예술에 대한 관심이 증가하였고, 국제적인 교류에서 장애예술인이 중요한 자리를 차지하게 되었으며, 정부의 장애인예술 정책과 장애예술인 현장이 긴밀하게 연계되면서 공유된 목표를 향해 나아가는 모

습을 보이고 있다는 것이다.

둘째, 영국에서 장애인예술 정책이 발전할 수 있었던 것은 영국 문화부의 비전을 '다양성과 평등성'에 두고 추진하였기 때문이다. 다시 말해 장애인의 장애를 무능이나 핸디캡이 아닌 다양성으로 인식하고, 다양성 때문에 발생하는 근본적인 사회적 불평등 문제를 해소하고자 하였던 것이다.

셋째, 영국예술위원회의 국가포트폴리오기관(National Portfolio Organisation) 사업에 선정된 다양한 장애인예술단체들이 장애인예술 생태계를 구축하여 언리미티드(Unlimited) 프로그램을 운영하였는데 이 프로그램은 한계가 없다는 의미로 장애인예술의 고(高)퀄리티를 지향하여 세계적인 수준(world class)으로 끌어올리려고 노력하였다.

이것으로 알 수 있는 것은 장애인예술이 발전하기 위해서는 우선 정부가 장애인예술에 대한 철학을 세우고 예술 관련 공공기관에서 장애인예술을 위한 프로그램을 운영하면서 예술의 질을 높이고 나아가 공공과 민간이 협동하면서 함께 발전시켜 나가야 한다는 사실이다.

이를 기반으로 우리나라 장애인예술이 발전하기 위해 다섯 가지 제안을 하고자 한다.

첫째, **장애인예술의 선순환이 이루어지도록 장애예술인의 창작활동을 지원하는 제도가 실시되어야** 한다.

둘째, **예술단체들이 장애예술인에게 함께 작업할 수 있는 기회를 제공하면서 협업프로젝트를 운영하는 등 다양한 파트너십이 이루어져야** 한다.

셋째, 현재 수도권 중심으로 장애인예술이 활성화되고 있지만 **지역균형 발전을 위해 전국 곳곳에 장애인예술 허브가 될 공간이 마련되어야** 한다.

넷째, 보통 장애예술인 인재풀이 빈약하다고 생각하는데 **드러나지 않은 장애예술인을 발굴하고 신진예술인을 육성하여야** 한다.

다섯째, **대중적인 스타성을 가진 장애예술인을 스타마케팅하는 비즈니스모델**(business model)**로 장애인예술산업을 발전시켜야** 한다.

문화체육관광부는 (재)한국예술인복지재단에서 실시하는 예술인창작준비금제도를 장애예술인들이 이용하면 된다는 생각을 갖고 있지만 예술인창작준비금에 선정된 장애예술인은 2019년 전체 선정자인 5,500명 중 137명이 수혜를 받아 2.49%의 선정률이었는데 2020년 장애예술인이 우선 선정 대상으로 전환되자 534명이 선정되어 3.49%의 선정률(전체 15,260명)을 보였고, 2021년에는 667명이 선정되어 3.18%의 선정률(전체 21,000명)로 다소 축소되었다. 2022년에는 1,057명이 선정되어 선정률이 5.87%(전체 17,998명)로 껑충 뛰었고, 2023년에는 826명이 선정되어 선정률이 4.13%(전체 20,000명)로 다시 하락하였다[27].

예술인창작준비금제도에서 장애예술인에게 가산점을 부여하고 있지만 선정률도 낮고 조건의 장벽도 있어서 장애예술인들은 별도의 장애예술인 창작지원금제도가 시행되기를 원하고 있다.

'장애예술인창작지원금제도'를 시행하기 위해서는 두 가지 해결해야 할 과제가 있다.

첫째, 장애예술인 창작지원금 기금을 마련해야 한다.
사회보험은 사회적인 동의를 받는 것이 어렵기 때문에 공제회나 금고를 설립하여 한국출판금고처럼 일정액의 국고를 한시적으로 출자하여 기본금을 조성한 뒤 기업의 지정기금 후원이나 일반인들의 후원을 통해 기금의 규모를 확장시켜 나간다.

둘째, 국민기초수급자인 장애예술인의 가외소득을 인정해야 한다.
창작지원금은 소득 개념보다는 창작활동을 위한 기본 준비금 성격이기에 생계보장을 위한 「국민기초생활보장법」에서 예외로 규정되어야 한다.

---

27) 이 내용은 정보공개포털을 통해 청구신청하여 한국예술인복지재단으로부터 2024년 1월 12일에 받은 정보공개청구답변서를 기반으로 작성한 것이다.

'장애예술인창작지원금제도'는 공모형으로 운영을 하면서 자리가 잡히면 장애인예술 발전에 공헌한 장애예술인을 대상으로 장애인선수들에게 주어지는 경기력 성과포상금 처럼 연금 형식으로 지원을 하는 연금형을 추가하여 공모형과 함께 두 가지 형태로 운영 하는 것이 바람직하다.

기금만 있으면 '장애예술인창작지원금제도'는 당장 실시할 수 있다. 제도가 없어도 기 금이 있으면 장학금(scholarship)으로 지원할 수가 있다. 그래서 장애예술인지원기금이 마련 되어야 한다.

장애예술인지원기금 마련을 위해 반대급부가 없이 고액을 기부하는 패트론(Patrons), 재 산을 기부하는 예술 유산(Arts Heritage), 반대급부를 약속한 스폰서링, 손실과 이익을 같이하 는 투자(Investment)가 장애인예술 분야에도 나타나야 한다.

그리고 소액을 기부하는 개인 후원자(Friendship)들이 장애인예술에 특별한 의미를 부여하 여 장애예술인을 지원하는 것에 만족감을 갖고 자부심을 느끼도록 해야 한다. 그래서 장 애인예술은 캠페인을 통해 장애인예술의 가치를 적극적으로 홍보해야 한다.

마크 그라노베터(Mark S. Granovetter)의 논문 〈약한 연결의 힘(The Strength of Weak Ties)〉에서 약한 사회적 연결이 강한 친분관계보다 더 중요하다는 것을 제시하였듯이 장애인예술은 바로 이 약한 사회적 연결의 힘을 이용하여 한 사람 한 사람이 모여서 전국적으로 참여하는 후원 네트워크가 형성되면 장애인예술을 발전시키는 문화운동으로 자리잡을 것이다.

참고 문헌

〈단행본〉

김광명(2010), 「인간의 삶과 예술」, 학연문화사

김채수(2014), 「예술론-표현은 존재의 본질」, 박이정

마사 C. 누스바움, 강동혁 역(2016), 「혐오에서 인류애로」, 뿌리와 이파리

방귀희(2015), 「세계장애인물사」, 솟대

방귀희(2019), 「장애인예술론」, 솟대

방귀희(2019), 「장애인문학론」, 솟대

방귀희(2020), 「문화복지의 이해」, 솟대

아서 단토, 김혜현 역(2008), 「평범한 것의 변용」, 한길사

오혜경 · 김정애(2000), 「여성장애인과 이중차별」, 학지사

유동철(2017), 「인권 관점에서 보는 장애인복지」, 학지사

이성태(2017), 「인간관계론」, 양성원

정무성 · 양희택 · 노승현(2006), 「장애인복지개론」, 학현사

정일교 · 김만호(2007), 「장애인복지」, 양서원

최승권(2015), 「특수체육론」, 레인보우북스

파블리나 R. 체르네바, 전용복 역(20210, 「일자리보장」, 진인진

〈논문〉

권선영(2013), '구조적 학술용어사전 데이터베이스 구축에 있어서 용어의 의미관계 형성에 영향을 미치는
　　　요인에 관한 연구', 성균관대학교 박사학위 논문

김가영(2009), '공공 공연장 재원조성을 위한 개인 후원제도 연구', 성균관대학교 석사학위 논문

김도현(2012) '문화적 장애모델의 생성', 『솟대문학』, 88호

김선규(2023), '장애인이 복지의 수혜 대상이 아닌 납세의무자로서의 페러다임의 전환이 필요하다', 기초생
　　　활수급장애인의 고용 확대를 위한 제도 개선 방안 토론회, 한국장애인노동조합총연맹

김언지 · 방귀희(2012), '한일장애인예술 발전 과정에 관한 고찰', 『장애인복지연구』, vol.3.no2

김홍열(1991), '장애인 문학의 위상과 발전방향', 『솟대문학』, 창간호

박근화(2019), '장애인 문화예술활동 실태조사 및 분석연구 결과 및 시사점', 장애인 예술활동여건 개선을
　　　위한 토론회 자료집, 한국장애인문화예술원

박신의 · 심규선 · 주명진(2018), '포용적 예술(inclusive arts)을 통한 장애예술의 개념적 연구', 『문화예술경
　　　영학연구』, 제11권 2호

박옥순(2002), '장애인을 위한 인권 지수 개발', 중앙대학교 사회개발대학원 석사학위 논문

박인주(2018), '뮤지엄 멤버십 제도를 활용한 고정 관람객 개발에 관한 연구', 홍익대학교 경영대학원 석사학위 논문

박재홍(2015), '장애인의 국민기초생활보장제도 수급탈피 의향에 미치는 영향요인', 『한국사회복지조사연구』, Vol.47, 연세대학교 사회복지연구소

박준원(2003), '예술의 본성과 실존의 문제', 『인문논총』, 50권

박혜신(2010), '장애인예술가에 대한 인식', 이화여자대학교 석사학위 논문

방귀희(2013), '장애예술인의 창작활동 경험에 관한 연구', 숭실대학교 박사학위 논문

방귀희(2015), '한국 장애예술인의 창작활동 경험과 환경적 장벽'(Korean Disabled Artists' eriences eativity and the Environmental Barriers they Face), 『Disability and Society』, vol.30

방귀희 · 권선진(2019), '장애인지 감수성에 관한 탐색적 연구', 『재활복지』, vol.23.no4, 한국장애인재활협회

방귀희(2022), '2021년 장애예술인실태조사 결과 함의 분석', 『한국장애학』, vol.7.no1, 한국장애학회

방귀희(2022), '장애인예술의 실태와 발전 방안', ISCAC학술세미나, 국제문화예술융합학회

방귀희(2023), '장애예술과 장애인예술 용어 속 함의 탐색', 『장애인복지연구』, 제14권1호, 한국장애인개발원

시바자키 유미코(2023), '일본의 에이블아트운동은 어떻게 사회를 변화시켰나', 제1회 장애예술 국제심포지엄 – 포용적 사회, 새로운 물결, 국민일보&국립중앙박물관

오혜경 · 백은령(2003), '장애인의 주관적 삶의 질에 영향을 미치는 요인 연구', 『직업재활연구』, 제3집2호

우주형(2023), '기초생활수급장애인의 고용확대를 위한 제도개선방안', 기초생활수급 장애인의 고용확대를 위한 제도개선방안 토론회, 한국장애인노동조합총연맹

윤삼호(2012), '장애예술의 형성과 그 실제', 『솟대문학』, Vol.88

윤혜원(2008), '문화예술단체 후원제도에 관한 연구 – 전문예술법인 후원회를 중심으로', 한국예술종합학교 예술전문사과정

이강일(2017), '포스트모더니즘을 통한 새로운 예술론 연구', 『통일사상연구』, 12권

이선영 · 이홍직(2018), '장애인의 복지수급 탈피에 영향을 미치는 요인 – 국민기초생활보장 제도를 중심으로', 『생명연구』, Vol.47, 서강대학교 생명문화연구소

이인선(2020), '미술관 개인 후원자 개발을 위한 멤버십 연구', 동덕여자대학교 대학원 석사학위 논문

이화신(2003), H. '마르쿠제의 페미니즘과 정체성의 정치 – 주체(subject)의 탐구와 새로운 감성을 중심으로', 『중앙사론』, 17권

장진순 · 이종정 · 이태성(2019), '국민기초생활보장 제도 수급장애인의 역량강화와 근로욕구의 관계 연구 – 지체 및 뇌병변장애인을 중심으로', 『특수교육재활과학연구』, vol.58.no.1, 대구대학교 특수교육재활과학연구소

전지영(2021), '장애예술과 장애인예술의 개념 논의 − 한국장애인문화예술원 활동을 중심으로', 『한국예술연구』, 32권

정재은(2012), '장애인의 소득보장에 관한 연구', 『노동연구』, Vol.24, 고려대학교 노동문제연구소

정종은·최보연(2021), '장애예술단체 활성화 정책의 방향 모색: 영국의 정책 및 현장 사례를 중심으로', 『장애인복지연구』, 제12권 제2호, 한국장애인개발원

조문순·이동석(2022), '장애예술의 개념과 사회적 모델 예술로서의 고슬링 작품 분석', 『한국장애학』, vol.7.no2, 한국장애학회

조은정(2011), '개인후원제도연구 − 미국 7대 오케스트라의 경우를 중심으로', 한국예술종합학교 예술전문사과정

조현성(2023), '장애예술인과 능력주의', 『현상과 인식』, vol.47. no.2, 한국인문사회과학회

하리마 야스오(2009), '에이블아트 운동이 추구해 온 것', 제10회 아시아태평양장애인 예술제 컨퍼런스

〈자료집〉

국가인권위원회(2019), "장애 인식개선 교육 모니터링 및 운영교재 개발연구 − 국가 및 지방자치단체를 중심으로"

문화체육관광부(2010), "문화예술정책백서"

문화체육관광부(2012), "2012년장애인문화예술인실태조사"

문화체육관광부(2015), "2012년예술인실태조사"

문화체육관광부(2017), "2018년 예산.기금운용계획 개요" 자료집

문화체육관광부(2018), "문화비전2030 사람이 있는 문화" 자료집

문화체육관광부(2018), "새예술정책(2018~2022) 예술이 있는 삶" 자료집

보건복지부(2017), "2017년 장애인실태조사"

양극화민생대책위원회(2007), "장애인차별실태 분석 및 유형화에 관한연구"

장애인예술연구소(2023), "장애예술인 예술활동증명제도 시행방안 연구"

장애인예술연구소(2023), "장애예술인 우선구매제도 실행모델 연구"

한국고용정보원(2010), "산업·직업별고용구조 조사"

한국문화관광정책연구원(2003), "예술인 사회보장제도 연구"

한국문화관광정책연구원(2005), "예술지원의 원칙과 기준에 관한 연구"

한국문화관광연구원(2021), "창작준비금제도 발전방안연구"

한국장애인고용공단(2022), "2022년 장애인통계"

한국장애인문화진흥회(2011), "한국장애예술인총람"

한국장애예술인협회(2018), "장애예술인수첩"

한국장애예술인협회(2022), "2022년장애예술인수첩"

제1차 장애예술인 문화예술활동 지원 기본계획(22~26), 문화체육관광부

2022년 주요 기업의 사회적 가치 보고서, 전국경제인연합회

2021년 장애예술인문화예술활동 실태조사, 한국문화관광연구원

2020년 장애인경제활동실태조사, 장애인고용개발원

2020년 장애인실태조사, 보건복지부

2018년 장애인문화예술활동실태조사, 한국문화관광연구원

2012년 장애문화예술인실태조사, 한국문화관광연구원

2007년 장애인문화예술활동실태조사, 한국장애인개발원

박영정(2006), "예술인정책 체계화 방안 연구", 한국문화관광정책연구원

방귀희(2022), "장애예술인의 욕구에 기반한 장애예술인지원법 시행방안 연구", 한국장애학회

주윤정(2012), "장애인문화예술정책의 현황과 미래", 문화체육관광부

전병태(2007), "장애인 예술활동 지원 방안", 한국문화관광연구원

전병태(2014), "장애인예술 장르별 지원 방안 연구", 한국문화관광연구원

〈법률〉

「국민기초생활보장법」

「문화예술진흥법」

「소득세법」

「예술인복지법」

「장애예술인 문화예술활동 지원에 관한 법률」

「장애인복지법」

〈홈페이지〉

대한민국예술원 홈페이지

중소벤처정책자금센터 홈페이지

한국예술인복지재단 홈페이지

한국장애예술인협회 홈페이지

〈정보공개 포털〉

국민체육진흥공단(2023. 12. 1.)

예술인복지재단(2024. 1. 12.)

〈신문〉

방귀희(2021), '기초생활수급에 장애인의 가외소득 인정해야' 한겨레(2021-07-13)
.https://www.hani.co.kr/arti/opinion/because/1003221.html

〈해외〉

Barnes, C., & Mercer, G.(2001), The politics of disability and the struggle for change. In L. Barton(Ed.), Disability, Politics and the Struggle for Change (10-33), London and New York: Routledge.

Basas, Carrie G., 2009, 'Indulgent Employment? Careers in the Arts for People with   Disabilities.', University of Tulsa College of Law, Unpublished Papers.

Dewey, John(1958), Art as Experience, New York: Gapricorn Books, G. P. Putnam's.

Fox, A. & MacPherson, H.(2015), Inclusive Arts Practice and Research: A Critical Manifesto, London and New York: Routledge.

Gosling, Ju.(2011), Abnormal: How Britain became body dysphoric and the key to a cure, London: Bettany Press.

Gosling Ju.(2006), What is Didsbility Arts?, http://www.together2012.org.uk/resources/what-is-disability-arts

Gui Hee Bang·Kyung Mee Kim(2015), Korean Disabled Artists'expriences creativity and the Environmental Barriers they Face, Disability and Society, 30(4).

Katz Florence L.,1990, 'Art and Disabilities: Establishing the Creative Art Center for People with Disabilities', Cambridge: Brookline Books.

Patrick J. Devlieger,2005, 'Generating a cultural model of disability', Congress of the European Federation of Associations of Teachers of the Deaf (FEAPDA).

Sharon L. Snyder. David T. Mitchell, 2005, 'Cultural Location of Disability', University of Chicago.

Sutherland, A., 1997, "Disability Arts, Disability Politics", Journal of Psychology in Africa, 15(1).

DARC-4
장애예술인 창작지원금제도 연구

발행인 방귀희

발행처

주소

전화